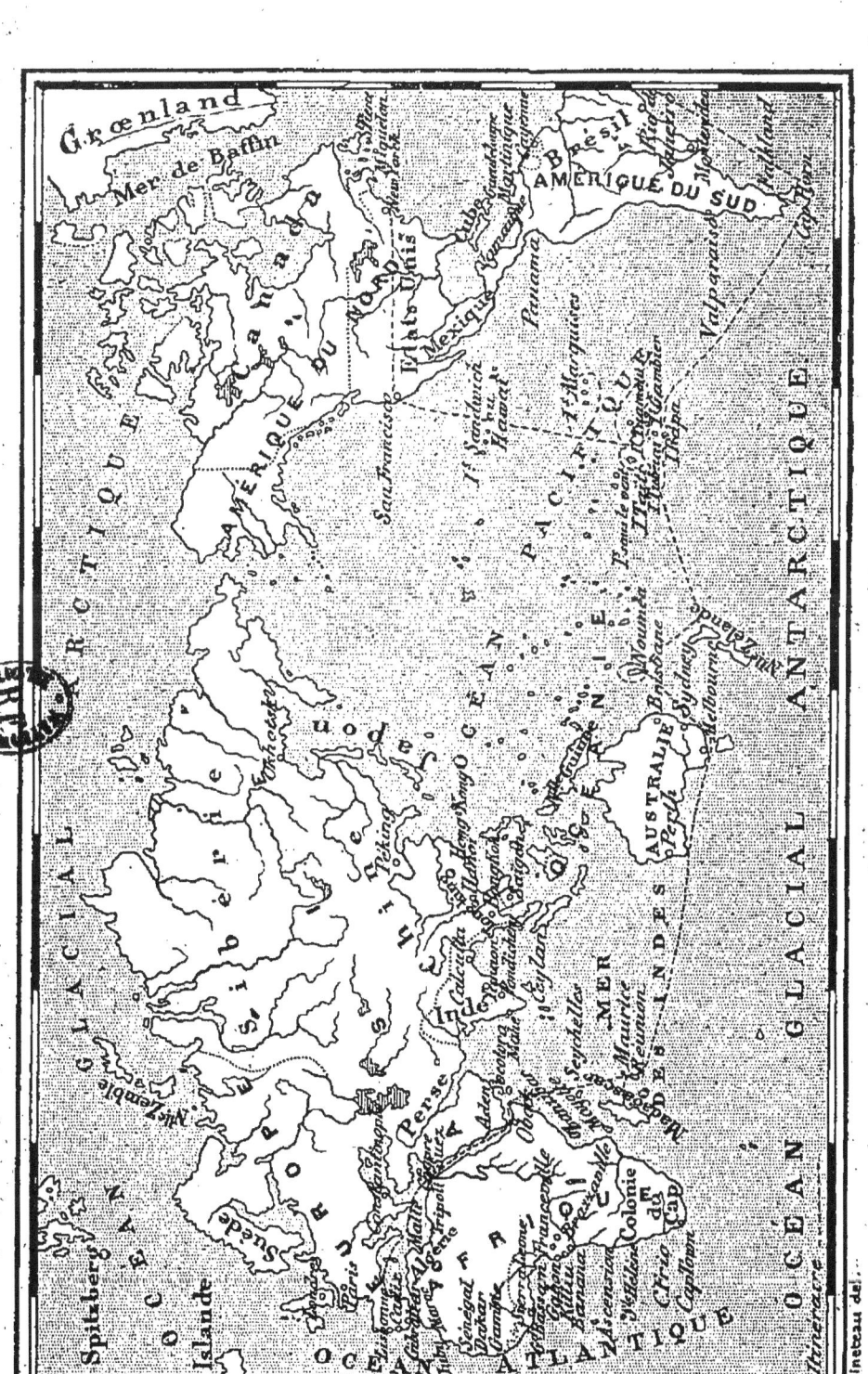

BIBLIOTHÈQUE INSTRUCTIVE

# TAHITI

ET LES

## COLONIES FRANÇAISES DE LA POLYNÉSIE

PAR

 H. LE CHARTIER

OUVRAGE ORNÉ DE 25 GRAVURES
et de deux cartes hors texte

ET PRÉCÉDÉ D'UNE LETTRE-PRÉFACE
Par M. Ferdinand DE LESSEPS

PARIS
LIBRAIRIE FURNE
JOUVET ET C<sup>ie</sup>, ÉDITEURS
5, RUE PALATINE, 5

M DCCC LXXXVII

A

## M. HENRI LE CHARTIER

Monsieur,

Vous me dédiez votre livre sur Tahiti : je vous en remercie. Ma sympathie est acquise à tous ceux qui travaillent à étendre le rayonnement pacifique de la France ; c'est ce que vous faites en appelant l'attention sur ces possessions quelque peu oubliées jusqu'à ce jour. Cette belle île, dont vous nous faites une description fidèle, et qui apparut comme une vision aux premiers navigateurs de l'océan Pacifique, va être appelée à une vie nouvelle par l'ouverture du Canal Interocéanique ; jusqu'à ce jour point de relâche de quelques pauvres baleiniers, elle va recevoir dans son port les grands steamers qui mettront l'Europe et les États-Unis à quelques jours de l'Australie et de la Nouvelle-Zélande. Votre livre vient à son heure en nous entretenant de ces colonies, aujourd'hui lointaines, demain presque voisines.

Agréez, monsieur, l'expression de ma haute considération.

Ferd. de Lesseps.

*Paris, mai 1887.*

A

## M. le Comte Ferdinand DE LESSEPS

Monsieur le comte,

Au moment où, par le percement de l'isthme de Panama, les nations civilisées vont recueillir un nouveau don de votre génie, j'ai eu la pensée de vous offrir la dédicace de mon modeste ouvrage sur Tahiti. En ouvrant une route nouvelle entre les deux Océans, vous rapprochez cette belle colonie de notre France et en faites la plus importante escale de l'Océanie.

Permettez-moi de placer mon livre sous le patronage d'un nom qui appartient à l'histoire, et dont les points du globe que vous avez transformés perpétueront le souvenir.

Agréez, monsieur le comte, l'expression de mon profond respect.

Henri Le Chartier.

*Paris, mai 1887.*

# TAHITI

ET LES

# COLONIES FRANÇAISES DE LA POLYNÉSIE

## CONSIDÉRATIONS PRÉLIMINAIRES

Notre dernier ouvrage (1) a exposé le rôle de la France dans la partie sud de l'Océanie, désignée géographiquement sous le nom de *Mélanésie*, c'est-à-dire (μέλας, *noir;* νῆσος, *île*), îles noires. Celui-ci aura pour but de faire connaître sa mission dans la partie Est, ou *Polynésie*, monde formé, ainsi que l'indique son nom (πολύς, *beaucoup;* νῆσος, *île*), d'une multitude d'îles et habité par une race cuivrée, les *Maoris,* bien différente de la race nègre canaque.

Cette étude sera d'autant plus importante que la Polynésie contient, outre des établissements français, des possessions anglaises, des comptoirs allemands et des îles indépendantes.

Les établissements français de la Polynésie compren-

(1) *La Nouvelle-Calédonie et les Nouvelles-Hébrides.* (*Bibliothèque instructive*, Jouvet et Cie, éditeurs.)

nent les *îles Marquises,* la plus ancienne de nos possessions dans cette portion de l'Océanie, l'archipel *Tuamotu* (1), les *îles de la Société* ou de *Tahiti,* les *îles Gambier*, les *îles Tubuai,* sans oublier la petite île isolée de *Rapa.* Cette dernière ne se rattache à aucun groupe, pas plus que certaines autres connues sous le nom générique de Sporades boréales ou australes, selon leur situation au nord ou au sud de l'équateur.

Notre influence s'étend sur les îles à l'ouest de Tahiti, ou *îles Sous le Vent,* elle est combattue aux îles *Samoa* et aux *îles Tonga* par l'influence allemande, aux *îles Sandwich* par l'influence américaine et anglaise; elle s'étendait naguère à la *Nouvelle-Zélande,* avant que l'Angleterre ne nous y supplantât par un tour de délicatesse des plus britanniques.

Bien que nous ayons placé les îles Marquises en tête de notre division, nous nous occuperons tout d'abord de l'île Tahiti, devenue le siège du gouvernement.

(1) Dans la langue tahitienne, comme dans la langue espagnole et italienne, l'*u* se prononce *ou :* prononcez *Touamotou*.

# PREMIÈRE PARTIE

## TAHITI.

## CHAPITRE PREMIER

Notice historique.

Le nom de Tahiti subit différentes altérations, selon les divers peuples qui le prononcent : *Taïti* ou *Tahit* pour les Français, *O'Taïti* pour les Anglais qui, bien à tort, ont cru retrouver l'article celtique O dans la déclaration des Tahitiens : *O Taïti,* c'est *Tahiti.*

Nous devons cependant constater qu'ils écrivent aujourd'hui Tahiti et non plus *O'Taïti* selon leur ancien usage, reconnaissant ainsi, mais bien à contre-cœur, la substitution des idées françaises aux idées anglaises dans cet Éden océanien.

Quoi qu'il en soit, sur les cartes anglaises, comme sur les nôtres, la situation de l'île Tahiti n'a pas varié et est toujours entre

17° 29′ 30″ } de latitude sud.
17° 17′ 47″

et

151° 29′ 53″ } de longitude ouest.
151° 56′

Elle est la plus importante à l'est de la Polynésie.

Que l'on nous pardonne si, rompant avec la tradition généralement reçue, nous enlevons à Fernandez de Quiros l'honneur de la découverte de l'île Tahiti en 1606. Nous ne prétendons pas nous montrer plus Espagnol que les Espagnols eux-mêmes, qui rapportent cet honneur, sur les preuves fournies par Beltran-y-Rospide, au capitaine anglais Wallis, qui donna à cette île le nom d'*île du roi George III*.

On a certainement confondu sous la rubrique Sagittaria, du catalogue de Quiros, une des îles Tuamotus, l'île *Terareka* probablement, avec Tahiti que plus tard (1765) semble avoir aperçue le commandant Byron, venant de découvrir les *îles du Désappointement*.

Deux ans plus tard, le capitaine Wallis, à bord du *Dolphin* (Dauphin), fut étonné d'y trouver des porcs et des chiens, ce qui paraîtrait indiquer une découverte plus ancienne. Il ne faut cependant pas s'y tromper, ces animaux provenaient, sans doute, des couples déposés par Quiros aux Tuamotus plus d'un siècle auparavant.

Wallis est si bien le premier des Européens vu par les indigènes de cette île, qu'ils prenaient son vaisseau pour une île flottante et la mâture pour des arbres.

Le *Dolphin* ayant touché sur un récif, le *Dolphin's rock* vint mouiller dans la baie de Mataveï.

Malgré l'apparence pacifique des indigènes, soit par suite de ces actes de brutalité gratuite, assez fréquents dans les annales de la marine anglaise, soit pour toute autre cause, l'arrivée de Wallis fut signalée par un affreux carnage.

Glacés de crainte ou obéissant à leur bonté naturelle, les indigènes ne tardèrent point à entrer en relations avec ces êtres inconnus et terribles. Le capitaine anglais les avait traités en pirates; quel ne dut pas être son étonnement de rencontrer chez ces prétendus sauvages une organisation politique, ébauche d'une réelle civilisation?

Si les sujets avaient fait preuve de patience envers leurs agresseurs, la reine *Obérea* se signala par une véritable générosité à l'égard du chef étranger; elle lui témoigna, dit-on, une affection toute particulière, lui prodigua, pendant un accès de coliques bilieuses, les soins les plus empressés. Elle poussait même la prévenance jusqu'à le porter dans ses bras à la case royale.

Deux incidents nous ont frappé dans la relation de ce navigateur : le premier est la surprise des Tahitiens à la vue d'une perruque, ôtée par le chirurgien du *Dolphin* qui, gêné par la trop grande chaleur, voulait s'éponger le crâne. Le second incident, d'un ordre moins comique, dut faire repentir Wallis de son inutile cruauté. Comme on lui présentait au milieu d'un festin une femme dont le mari et les trois fils étaient tombés sous les balles de ses soldats, il eut la délicatesse de lui offrir, en échange, des présents. La tahitienne en les repoussant avec horreur lui donna, du moins, une leçon de dignité. Pour répondre à cette insulte, elle lui fit porter des fruits et des porcs, qu'en anglais pratique il se hâta d'accepter.

Inutile de chercher les qualités d'observation chez un marin d'un semblable caractère, aussi n'aurons-nous à lui emprunter aucun trait de mœurs.

Tout autre fut la conduite de Bougainville qui

aborda à Tahiti sur *la Boudeuse* le 2 avril 1768 et la surnomma *Boudoir* ou Pic de la Boudeuse.

Comme Wallis, il vit son vaisseau accosté par cent pirogues, désireuses d'échanger avec lui les produits du pays.

En vrai Français, pendant son séjour, il rendit aux indigènes, avec la plus exquise courtoisie, leurs politesses empressées : des concerts de flûte, basse et violon donnés à ces peuplades, chez qui la beauté des formes paraissait avoir éveillé l'instinct artistique, leur révélèrent la puissance et la grâce de la musique française.

Probablement la reine Obérea se trouvait absente de son île, ou bien tenait sa cour dans quelque partie éloignée, car Bougainville reste muet à son sujet, tandis qu'il nous parle des marques d'amitié offertes à son équipage par les chefs *Teti* et *Tautaa*.

Si par hasard quelque matelot, grisé par la trop grande familiarité des indigènes, se livrait à un acte répréhensible, Bougainville, jaloux de donner satisfaction à ses hôtes, sévissait contre le coupable en présence du chef.

Tant de bonté jointe à tant de fermeté font présager d'éminentes qualités d'observateur.

Sa relation témoigne du soin avec lequel il étudia le pays, son climat, ses productions, ses habitants.

Bienfaisant jusque dans son départ, il donna comme présents d'adieu au chef Teti, ce que lui-même appelle le denier de la veuve, quelques couples de dindes et de canards, quelques outils et quelques sacs de graines potagères. Bougainville, pour consacrer ces gracieux souvenirs, avait nommé Tahiti *la Nouvelle-Cythère*, mais ce nom n'a pas prévalu.

Il mit à la voile le 16 avril 1768, non sans emmener à bord un des plus beaux spécimens de la race tahitienne, l'indigène Aotourou, qui s'était attaché à son équipage au point de ne plus vouloir quitter *la Boudeuse*. Pendant onze mois, objet de la curiosité parisienne, Aotourou eut l'honneur de se voir dédier des vers par le poète Delille. *La Boudeuse* fut remplacée à Tahiti, le 11 avril 1769, par l'*Endeavour* (l'Entreprise) portant pavillon anglais du célèbre capitaine Cook, chargé d'observer le passage de Vénus sur le disque du soleil.

Là, comme son compatriote Wallis, il choisit la baie de Matavaï pour son mouillage et la nomma Port-Royal.

Devant prolonger son séjour en vue des observations astronomiques, mu par un sentiment d'humanité, il commença par édicter un règlement sévère contre toute atteinte à la discipline ou toute insulte aux naturels. Ceux-ci surent, en revanche, respecter un monument que l'on trouve encore à la place de l'observatoire, en commémoration de son passage, à la pointe dite *de Vénus*.

Peu familiers avec les idées européennes sur la propriété, poussés au vol par leur culte pour le Mercure indigène *Hiro*, les Tahitiens n'avaient point tardé à dérober les diverses pièces et outils nécessaires à l'établissement.

En dépit du règlement, plus d'une fois, les matelots anglais, dignes de servir sous les ordres de Wallis, réprimèrent ces rapines par des décharges meurtrières, mais nous nous garderons bien d'incriminer leur chef à ce sujet. Cook se vengea plus adroitement, il confisqua les pirogues des coupables et flétrit aux yeux de la postérité cette race, comme étant, sans distinction de classe, de sexe, ni d'âge, composée des plus déterminés voleurs de la terre.

Il ne faudrait cependant pas juger trop sévèrement ces pillards, à qui, du reste, les Anglais ne le cédaient guère.

L'histoire du charpentier de Cook nous les fera mieux connaître.

Profondément absorbé dans son travail, il s'aperçut avec stupeur de la disparition successive de ses outils; jurant de surprendre le larron, il se remit à l'œuvre ou plutôt feignit de s'y remettre. Nouveau larcin, mais de coupable point!... Un pick-pocket de Londres ou de Paris n'aurait su mieux subtiliser le contenu des poches voisines. Cependant, un auguste vieillard, dont certains ornements révélaient le caractère sacré, eut à juste titre provoqué ses soupçons, mais l'Anglais ne pouvait reconnaître en lui un prêtre d'Hiro.

Si Cook eut à souffrir des déprédations des Tahitiens, il n'eut qu'à se louer de leurs soins empressés. A la vérité, Obéréa, dont la beauté menaçait ruine, ne lui témoigna point la même affection qu'à Wallis.

Lorsque M. Banks, naturaliste, à bord de l'*Endeavour*, la visita, cette pauvre reine d'un peuple enfant fut surtout ravie du présent d'une poupée.

L'autre naturaliste de l'expédition, M. Forster, nous dépeint très fidèlement les Tahitiens : « Ils ne sont, dit-il, ni querelleurs ni belliqueux, ne semblent vivre que pour le plaisir et ignorent toute pudeur; bien plus, la religion élève à la hauteur d'un dogme l'impudicité. »

Peu amateurs de la lutte et de la boxe, si chères à l'Angleterre, nous laisserons Cook initier le lecteur à un spectacle de ce genre, dont il paraît enthousiasmé, tout en avouant l'infériorité des Anglais par rapport aux Tahitiens.

Nous le laisserons également, agissant en vrai saxon, saisir la famille royale comme otages jusqu'à ce qu'on lui rende ses matelots, Webs et Gilson, prisonniers des belles Tahitiennes.

Parti le 13 juillet 1769, Cook revint à Tahiti le 15 août 1773, chargé par lord Sandwich de s'assurer de l'existence d'un continent austral.

C'est dans ce second voyage qu'il découvrit les principales îles du groupe appelé par lui *Society Islands* (îles de la Société), en l'honneur de la société royale de Londres.

Hélas! la pauvre Obéréa, détrônée, vieillie, répudiée par son époux, ne pouvait plus lui faire accueil, et, dans sa confusion, elle accourut lui manifester ses regrets de n'avoir pas même à lui offrir un misérable porc.

Alors régnait Otou (plus tard Pomaré Ier), naguère petit chef au centre de l'île et maintenant souverain redoutable.

Entre ce deuxième voyage de Cook à Tahiti et le troisième et dernier dont nous parlerons plus tard, nous devons citer la visite du capitaine espagnol *Domingo Bonechea* qui y laissa, sans succès, les missionnaires Hiéronimo et Narcisso.

A Bonechea succéda le capitaine anglais *Bligh* montant le *sloop* de guerre *le Bounty* et venant chercher, pour les transplanter dans les possessions anglaises de l'Amérique, l'arbre à pain et la canne à sucre.

On a pu voir, par les louanges dont nous avons honoré Cook, que nous savons rendre justice aux étrangers et que nous ne nous abandonnons pas envers eux à un dénigrement systématique; nous regrettons vivement de n'avoir point à louer plus souvent les hautes qualités des marins anglais. Bligh n'est pas homme à nous faire revenir sur leur compte.

Sa cruauté pour un de ses officiers, le lieutenant Christian, séduit par les charmes des Tahitiennes, souleva contre lui son équipage, qui s'empara de sa frégate.

Bligh, déposé dans la chaloupe du navire avec quelques faibles provisions et dix-huit Anglais qui n'avaient pas voulu prendre part à la révolte, traversa des mers immenses, échappa aux traits des sauvages et put atterrir cependant à l'île de Timor. Il dut remettre à des jours plus heureux, jusqu'en 1792, l'accomplissement de sa mission.

En 1779, lord Sandwich ayant chargé Cook de chercher dans le nord de l'océan Pacifique un passage pour aller aux Indes, nouvelle visite de cet illustre capitaine, mais cette fois avec toute la pompe possible.

Le roi d'Angleterre, George III, enthousiasmé des récits merveilleux de son hardi capitaine, avait comblé ses navires d'une foule de présents, gros et menu bétail, graines, outils, étoffes, etc.

A ce troisième voyage, Cook, trouvant comme vestige de Bonechea une croix en pierre avec l'inscription suivante :

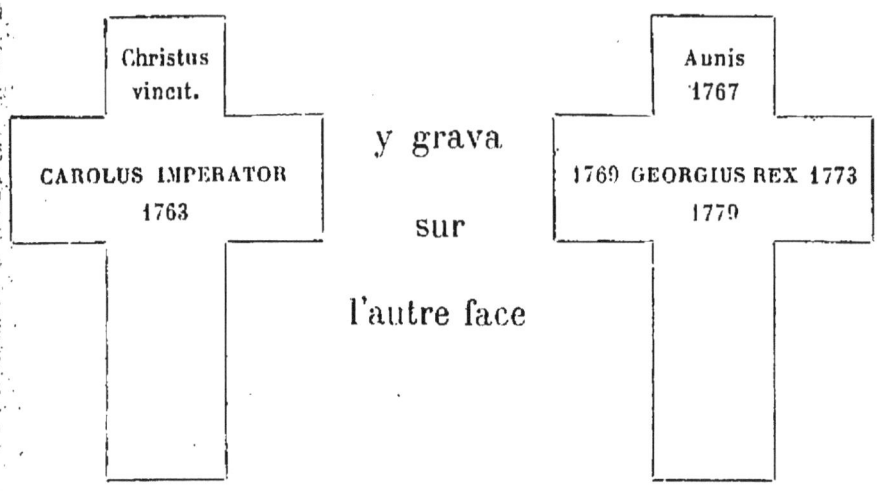

Hélas! ce roi George ne devait plus le revoir. Quelques mois après, l'infortuné navigateur tombait sous les coups des sauvages à Owhygée (îles Sandwich).

Son compagnon de route, Vancouver, acheva son œuvre et ferma l'ère de la découverte.

Nous passerons sous silence l'envoi des frères Moraves de Londres en 1796 et le voyage de Turnbull en 1803.

C'est ainsi que Tahiti, cette terre enchanteresse, s'est révélée aux Européens.

Un plus long séjour a permis à nos devanciers de connaître plus à fond son origine, son gouvernement, ses mœurs, sa religion : nous aurons à compléter leurs observations par nos notes personnelles.

Le voyageur qui posséderait la langue de Tahiti et visiterait successivement la Nouvelle-Zélande, les îles Wallis, l'archipel des navigateurs, les îles Sandwich et les îles Tuamotus orientales y serait compris par tous, et pour peu que lui-même fût versé dans la linguistique, il distinguerait bientôt sous des idiomes divers, l'unité du langage parlé chez les différentes tribus maories.

Jointe à la ressemblance physique, cette communauté atteste d'une manière irréfutable une origine identique.

Nous avons dit que tous les Maoris appartenaient à une même race, cependant dans la stature, dans la conformation du visage, dans le teint plus ou moins cuivré de la peau, résident des variations bien autrement grandes que celles des idiomes entre eux; toutefois on ne saurait en inférer l'hétérogénéité.

Il y a là plutôt distinction de classe par suite d'un bien-être plus ou moins grand.

On trouvera d'une île à l'autre, voire dans les mœurs des indigènes d'une même île, des ressemblances et des différences provenant de causes analogues.

Sans nous lancer dans des discussions stériles sur la parenté des Peaux-Rouges de l'Amérique et les Maoris cuivrés de l'Océanie, nous nous contenterons de constater, à l'encontre d'une opinion soutenue, non sans talent, par certains navigateurs, que s'il n'est pas chimérique de voir dans les Américains une avant-garde des Maoris, il est impossible de trouver dans les Maoris les descendants des Peaux-Rouges.

Cinq ou six cents lieues séparent les points de l'Amérique les plus rapprochés de la dernière station océanienne : comment supposer qu'une semblable distance ait pu être franchie par des pirogues sans boussole, ayant à lutter presque constamment contre des vents contraires? N'est-il pas plus simple et plus sage de faire suivre à la migration les vents d'ouest, ainsi que cela se passe encore journellement.

A défaut de données rationnelles, nous n'avons pour asseoir notre conviction à cet égard qu'à interroger la légende en cours aux îles Tuamotus et à Tahiti.

Les Tuamotus attribuent en effet leur origine à Tahiti

t Tahiti la sienne à Borabora qui prétend descendre
e Raiatea, l'île Sainte, berceau de la royauté et de
a religion.

Préférons-nous demander à l'étude physiognomoni-
ue les éclaircissements nécessaires? Nous verrons que
a dégradation insensible des cheveux crépus indique
une source malaise, et peut-être doit-on attribuer à
des immigrations successives les différences physiques,
hilologiques, religieuses dont nous aurons à reparler
lus tard.

Suivant la relation des vieillards interrogés sur les
traditions et l'histoire de leur pays, la tradition confine à la légende : le père du premier roi aurait trans-
orté des montagnes, voltigé d'une cîme à une autre,
c'était un héros ! c'était un demi-dieu !

Le premier roi Hiro clôt la période des temps fabu-
leux : c'est bien encore un thaumaturge à la façon de
Haehi son père, fils lui-même de Uruumatamata, petit-
fils de Raa, dont le nom s'écrit comme celui du soleil.
Mais sa thaumaturgie avait moins de ressemblance avec
celle de Robert Houdin qu'avec l'extrême dextérité de
certains pick-pocket ; aussi, digne monarque du peuple
le plus voleur de la terre, au dire de Cook, le roi Hiro,
divinisé, joue-t-il chez les Polynésiens le rôle du fils
de Maïa chez les anciens grecs.

Hiro eut deux fils : Haneti et Ohatatama. Le premier
lui succéda, le second fut nommé roi de l'île Borabora.

Nous arrêterons là la généalogie et la chronologie
des anciens rois tahitiens dont la souveraineté s'émietta
en une foule de principautés héréditaires, pour nous
occuper plus spécialement de la dynastie Pomaréenne
régnante, branche issue de la famille théo-royale qui
a fini par étouffer toutes les autres.

Le premier ancêtre des Pomaré, dont l'histoire fasse mention, s'appelait Tenae ou Teina; il eut trois fils, Oammo, Whappay ou Otey, et Toutaha.

Suivant l'usage, son fils Whappay reçut en partage les districts Nord et Est appelés Téporionou, Toutaha celui d'Ataourou et Waheadoua, un de leurs parents la presqu'île de Taiarabu.

Cependant l'île tout entière reconnaissait l'autorité d'Oammo comme chef de la famille.

Ce fut Tenae qui le premier prit le nom de Pomaré, c'est-à-dire *Po* nuit, *maré* rhume, à cause d'un rhume qu'il avait contracté la nuit.

Son petit-fils seulement inaugura la dynastie de ce nom. Chose remarquable : presque tous ses descendants, entre autres le roi actuel Ariiaue Pomaré V, sont restés atteints de la même incommodité.

Oammo épousa notre vieille amie Obéréa, née vers 1729.

Afin de conserver son autorité Oammo voulut égorger le premier enfant qui leur naquit, mais la reine sut le lui dérober; ce fils reçut le nom de Temarre et fut déclaré roi. Obéréa, à qui son mari, las des soucis du gouvernement, avait abandonné les rênes du pouvoir, se les vit enlever par Otou; elle mourut vers 1772.

Whappay eut pour fils Eari-rahi, né en 1762, qui prit le nom de Tu, vulgairement Otou (héron noir, oiseau sacré).

Chef de Papaoa au second voyage de Cook, ce prince usurpa avec l'aide de son oncle Toutaha, régent, les droits de son cousin Temarré, fils d'Oammo et d'Obéréa, principal chef de l'île.

Toutaha, très bien avec les Européens, en profita pour essayer de soumettre la presqu'île Taiarabu, indépendante. Cette attaque contre un chef nommé Whahéadoua ne fut pas couronnée de succès. Toutaha resta sur le champ de bataille, et, Otou, vaincu, se retira avec sa famille au sommet des montagnes, tandis que le vainqueur irrité ravagea les districts de Paré et de Matavai.

Bientôt des propositions raisonnables furent acceptées par Whappay et son fils qui gouverna avec l'aide de son père.

Il avait une sœur aînée qui lui céda ses droits et une autre plus jeune, Weiriddi Aowh, qui épousa le roi de Mooréa.

En 1773 et 1774 vinrent des Espagnols et des Anglais auxquels Otou fit un bon accueil.

En 1779 il épousa Iddia, sœur aînée du roi de Mooréa, femme d'un bon conseil et d'un rare courage. Cette alliance l'entraîna dans plusieurs guerres malheureuses. Otou et Iddia, pour ne pas perdre leur rang dans la société des Ariois, étouffèrent leur premier enfant.

Son deuxième fils Variatoa succéda à son père dès le jour de sa naissance, en 1780, sous la régence paternelle.

Watto, Bligh, Edwards, Vancouver, vinrent à cette époque à Tahiti et procurèrent à Pomaré I$^{er}$ des armes à feu, de la poudre et du plomb.

La révolte de la *Bounty* et la désertion de quelques matelots mirent à son service plusieurs blancs entreprenants, qui lui permirent de soumettre Tairabu. Mais les habitants des districts de Tettaha et d'Attahoru, jaloux des succès de Pomaré, lui déclarèrent la guerre.

Vaincus sur terre et sur mer, les rebelles furent obligés de rendre les insignes de la royauté qu'ils avaient enlevées et de les rapporter en triomphe à Paré, résidence de Pomaré Ier.

Les alliances de famille venaient encore contribuer à accroître sa puissance. Devinant l'ancienne devise de l'Autriche : *tu felix Austria nube* (toi, heureuse Autriche, contractes des alliances), Pomaré Ier venait alors de prendre pour deuxième femme Weiriddi, jeune sœur d'Iddia, fille du roi de Mooréa. A la mort de ce dernier il prit pour sa nièce Tétoua la régence de cette île, dont les indigènes lui étaient attachés.

L'année suivante, des matelots auxquels les Tahitiens avaient dérobé des effets provoquèrent des troubles, et Pomaré, sous prétexte de rétablir l'ordre, ravagea plusieurs districts. Le capitaine anglais Bligh l'aida à ramener la paix, qui ne fut conclue qu'après des sacrifices humains.

Il eut encore à combattre plusieurs insurrections qu'il étouffa, grâce aux armes des Européens, mais non sans alternatives de défaites et de victoires. Iddia elle-même prit part à la victoire dans le district de Matavai. A cette dernière bataille, dans les deux camps se trouvaient des Européens ; à la première attaque Pomaré fut battu, mais les Anglais de son parti tuèrent un des chefs ennemis, ce qui rendit courage à ses partisans, qui triomphèrent dans un second combat. Le roi avait fui ce jour-là loin de la mêlée et s'attendait, dans un marais, à recevoir la mort, quand lui parvinrent les messagers de la victoire.

En 1789 les faveurs de Pomaré Ier pour ses sauveurs soulevèrent les murmures du peuple, et les choses en vinrent au point de le forcer à chercher refuge sur le navire de Bligh.

En 1791, investiture du Maro (1) royal au fils de Pomaré. Son autorité fut reconnue sur l'île sans grande opposition, et dans la péninsule par la force des armes.

Vers 1797, un nouveau soulèvement chasse les Pomaré de Tahiti et les oblige à gagner Mooréa.

Peu de temps après arrivent des missionnaires anglais essayant de s'établir dans cette dernière île. Les prêtres mooréens, craignant la concurrence et voyant les amabilités de Pomaré Ier pour ces nouveaux venus, allaient le chasser quand les missionnaires anglais lui proposèrent de le rétablir sur son trône si, nouveau Clovis, il embrassait le christianisme.

L'humanitaire Albion mit aussitôt au service de la religion : canons, fusils et mille autres armes civilisatrices, tant et si bien que leur protégé reprit le maro rouge, sur des monceaux de cadavres tahitiens, au plus grand profit de la rapacité britannique.

Quelle qu'ait été sa servilité, peut-être nécessaire, Pomaré Ier mérite, sinon ce titre pompeux, au moins les honneurs d'un portrait.

Cook nous le représente dans sa jeunesse, comme un homme de six pieds de haut, beau, bien fait et de bonne mine. Sa tournure était imposante, ses manières graves et dignes, son abord ouvert et engageant, sa conversation pleine d'affabilité.

Ellis, qui le visita dans sa vieillesse, raconte que peu de temps avant sa mort on le voyait s'appuyer sur une massue qui aurait suffi à la charge d'un homme ordinaire. Malgré ses qualités ou ses apparences, il était assez peu courageux pour se cacher un jour de bataille

---

(1) *Maro*, ceinture; insigne de la royauté tahitienne.

et prier Bligh de l'emmener en Europe. Ses qualités maîtresses semblent avoir été une énergie à toute épreuve, une ruse patiente et vindicative.

Dans certaines circonstances, notamment dans la guerre de Roua (1802), soulevée au sujet d'une idole que se disputaient deux districts, Pomaré 1er, bien qu'ayant laissé la régence à son fils, joua le rôle principal et déploya une cruauté que ne justifiait pas la situation.

Peu vaillant, mais entreprenant, politique actif et persévérant, dévoré d'ambition, il dut à ce caractère multiple sa haute fortune et l'honneur d'avoir été le fondateur d'une véritable monarchie.

Sans se laisser aveugler par les flatteries intéressées des missionnaires, il sut les exploiter habilement, eux qui espéraient l'exploiter. Vaincu, banni, il avait promis d'embrasser le christianisme; victorieux et souverain incontesté, il sut tenir une juste balance entre le paganisme ignorant de ses sujets et le zèle marchand des missionnaires anglais, ses conseillers.

Le fondateur de la dynastie des Pomaré mourut à bord du navire anglais *le Dart*, le 3 septembre 1803, laissant le trône à son fils Variatoa, qui prit le nom de Pomaré II.

Pomaré II débuta par donner aux missionnaires protestants anglais un territoire situé dans le district de Mataiea, ce qui indisposa contre lui ses sujets. La révolte qui couvait depuis longtemps, subit un temps d'arrêt en 1804, quand le roi devint veuf (il avait épousé sa cousine germaine Tétoua, reine d'Eimeo (Mooréa) et acquit le prestige d'un mariage avec la fille du roi de Raïatea; mais elle éclata terrible, le 9 novembre 1808, quand on apprit qu'il avait promis de se faire baptiser.

Le 22 décembre de la même année, une grande bataille tourna contre lui, et il dut s'enfuir de nouveau à Mooréa, laissant Tahiti en proie à l'anarchie.

En 1811, las de leurs guerres intestines, ses sujets rappellent Pomaré II, qui se hâte de solliciter le baptême, et les missionnaires protestants anglais, le lui promettent en temps opportun.

N'ayant pu parvenir à s'entendre avec les principaux chefs, il revint encore à Mooréa, laissant à Tahiti sa fille Aïmata, qu'il avait eue de sa femme Térémoémoé.

Dans le mois de juin 1815, signalé par l'émancipation des femmes, il commit l'imprudence d'envoyer à sa fille une bible anglaise. Craignant une abjuration, les sectateurs ardents de l'ancien culte se soulevèrent et prirent la détermination de massacrer, dans la nuit du 7 juillet, les partisans des Pomaré, qui, prévenus à temps, se réfugièrent tous à Mooréa.

Mais l'anarchie mit à feu et à sang cet Eden pacifique, et une fois encore Pomaré rentra en sauveur. Même intempérance de zèle devait à nouveau exciter la révolte : le 12 novembre 1815, jour à jamais célèbre dans les annales tahitiennes, Pomaré II, avec huit cents chrétiens, se trouvant au temple, fut attaqué à l'improviste ; animés par la foi nouvelle, ils parvinrent à repousser l'ennemi et tuèrent Apoufarou, son général.

La guerre se termina par la victoire complète de Pomaré II, que remporta en personne la reine de Huahiné, Teautaria sa belle-sœur, femme d'une habileté consommée, d'un courage éminent, d'une énergie implacable.

Le dieu *Oro*, impuissant à protéger ses fidèles, s'en vit abandonné solennellement et fut à jamais remplacé par le Christ.

Maître absolu du pouvoir, Pomaré II, qui n'avait rien du caractère sanguinaire de Pomaré Ier, s'efforça de réparer les ruines causées par la guerre, la famine et la peste. Il n'eut plus de rébellions à réprimer, et si l'opposition se manifesta encore, ce ne fut que par des complots promptement étouffés.

Sachant, comme son père, louvoyer avec la rapacité britannique, il se montrait officiellement très zélé pour la religion, dont au fond il eût fait bon marché. Le 13 mai 1818, il présida à l'établissement auxiliaire des missionnaires protestants anglais, pour répandre en apparence l'Évangile, mais en réalité sa propre influence dans le reste de la Polynésie.

Enfin le 16 mai 1819, acculé au baptême, il dut s'exécuter. Le 25 juin suivant, Térémoémoé lui donna un fils qu'il nomma Tériitaria (splendeur céleste), et qui fut baptisé avec sa sœur Aïmata, sa mère Térémoémoé, sa tante Pomaré Vahine, le 10 septembre 1819. Il avait contribué à faire envoyer des missionnaires dans tous les attolles de l'archipel des Tuamotus, de l'archipel de la Société, des Tubuaï, de Rurutu ; pour en recueillir le fruit, il alla, mais sur un navire américain, se montrer dans toutes ces îles et s'y faire reconnaître comme *Eari-rahi* (souverain absolu).

Dans l'ordre politique, le 13 mai 1819, il promulgua une sorte de charte ou de code en dix-huit articles, par lequel il constituait un gouvernement représentatif, en vertu duquel les chefs et députés, réunis en assemblée nationale, devaient examiner les projets de loi d'intérêt général. Toutes ces réformes religieuses ou politiques, inspirées par les missionnaires anglais, flattèrent plus ou moins les aspirations de ses sujets, mais malheur à qui s'endormait au prêche, à qui se permettait une opinion trop libre : la bastonnade lui rappelait que les sujets devaient imiter l'enthousiasme officiel du maître. D'ailleurs les missionnaires de sa haute Majesté Britannique connaissaient à merveille divers moyens de rétribution pour leurs services. Apportez l'arrow-root en faveur de la mission aux Tuamotus, l'huile de coco pour celle des îles Sous-le-Vent, vos superbes étoffes d'écorce pour celle de Tubuaï ! Voyez votre bon roi Pomaré II, n'a-t-il pas appris à lire et à écrire la langue tahitienne afin de traduire la Bible à son peuple ! n'a-t-il pas fait venir de Londres une presse pour l'imprimer ! Puis propager l'Évangile sur toute la Polynésie, n'est-ce pas illustrer Tahiti, établir sa prépondérance sur le reste des autres îles et mériter à son roi le titre glorieux de Pomaré *the great, king of Society islands* (de Pomaré le Grand, roi des Iles de la Société).

Oh ! les belles et bonnes intentions, tant qu'on put conserver l'espérance de faire flotter sur Tahiti le pavillon d'Angleterre ! Mais en 1847, après l'établissement du protectorat français, comme on se hâtera d'arracher à cette même prépondérance les mêmes archipels, ces Tubuaï, ces Tuamotus, ces îles Sous-le-Vent !

Les vieilles gens sont généralement soupçonneux ; on a vu des vieillards revenir aux plaisirs, aux goûts, au culte de leur enfance. Nos révérends ne l'ignoraient pas, l'abus des liqueurs fortes amenant l'hydropisie, l'hydrocèle, l'éléphantiasis, empêche de penser.

On sut entourer la vieillesse du fils des mêmes soins dont on avait comblé celle du père, et en effet, entre deux litres de whisky, le 7 décembre 1821, s'éteignit Pomaré II, laissant trois enfants.

Pomaré II poursuivit avec la même énergie l'œuvre

de son père ; il en avait toutes les qualités et toute la ruse. Bien que prêchant lui-même l'Évangile à ses sujets, sa foi n'était pas bien vive, et la politique eut la plus grande part à sa conversion.

Comprenant les avantages de la civilisation, il consacrait ses loisirs à perfectionner son écriture et à apprendre le dessin, il avait transcrit de sa main les lois et coutumes de son pays, tenait un journal de ses moindres actions, se livrait à la composition d'un dictionnaire tahitien, protégeait le commerce et l'agriculture. Ce fut lui qui créa les premières routes de Tahiti, employant à cet effet les indigènes coupables de quelque infraction aux lois et règlements civils et religieux.

Non contents d'avoir accaparé la vieillesse de Pomaré II, les missionnaires protestants, au mépris des lois, firent proclamer roi le fils qu'il avait eu de sa seconde femme, le 25 juin 1819, et alors âgé de deux ans et demi, sous le nom de Pomaré III, espérant gouverner sous son nom. A peine eut-il cinq ans qu'ils jugèrent la cérémonie d'un couronnement selon les formes européennes, nécessaire à la consécration de son droit et à l'affermissement de la loi nouvelle.

Cette solennité eut lieu le 21 avril 1824 avec toute la pompe possible, puis, pour mieux le façonner à son rôle d'instrument passif, ils l'envoyèrent à Mooréa dans l'école par eux appelée *Académie de la mer du sud*.

Le jeune prince montra un caractère doux et aimant, ses progrès furent des plus satisfaisants, le commandant Duperré montant la corvette française *la Coquille*, dans son voyage de circumnavigation, en parle avec éloges. Malheureusement en décembre 1826, atteint d'une épidémie qui décima la population tahïtienne, Pomaré III expira à Paré le 11 janvier 1827, dans les bras de sa mère, laissant la couronne à Aïmata, sa sœur.

Aïmata (*aï*, manger; *mata*, yeux, mangeur d'yeux), née en 1813, fut proclamée reine en 1827, sous le nom *Pomaré Vahine* (femme), au milieu d'un concours enthousiaste de ses sujets.

Les jeunes filles jetaient des fleurs sur son passage, les députés ouvraient la marche du cortège, le chef de Huahiné portait la Bible, celui d'Ataourou le code des lois, quatre jeunes chefs, le brancard sur lequel s'élevait le trône de la reine, et quatre fils de chefs un dais au-dessus de sa tête; une plate-forme avait été dressée pour qu'aucun des assistants ne perdît les détails de la solennité.

Les grands chefs tahitiens et les missionnaires anglais se disputèrent l'autorité sous son nom, l'aristocratie essayant une dernière prise d'armes pour reconquérir son indépendance, les missionnaires en faisant valoir cette prétention que Pomaré II leur avait laissé la plus grande partie de ses États avec la tutelle de ses enfants. Comme d'après la charte ils étaient membres du conseil du gouvernement, ils intriguèrent de manière à faire passer sous la domination anglaise les îles de la Société.

Suivant l'exemple de sa mère Iddia et de sa tante, sous la régence de laquelle elle avait été placée, Pomaré-Vahine inaugura son règne par une dissolution assez éhontée, encourageant la débauche dans tous ses États, ce qui ne l'empêcha point d'épouser (1822) son cousin Tapoa Pomaré, roi de l'île Borabora, petit-fils d'un conquérant célèbre qui avait jadis soumis les îles Raïatea, Borabora et Tehaa.

Mais cet infortuné Tapoa, ayant perdu dans une bataille l'héritage de ses ancêtres, se vit, à son retour à

Tahiti (1831), répudié malgré l'opposition des missionnaires anglais. Confus, il alla se cacher dans l'île Borabora dont il redevint chef.

Reine absolue, Pomaré IV, lasse des exigences des missionnaires anglais à qui elle avait dû céder le monopole du bétail, tenta de secouer leur joug.

Ariifaïte, deuxième mari de Pomaré IV.

A ces causes de trouble vint se joindre l'action des missionnaires catholiques français en 1835. Bientôt catholiques et protestants commencèrent une guerre religieuse aussi acharnée que celles d'autrefois entre chrétiens et païens.

Les menées des protestants, qui ne tendaient à rien moins qu'à faire passer Tahiti sous le protectorat de l'Angleterre, réveillaient chez les indigènes le sentiment national.

Néanmoins en 1836 l'expulsion des missionnaires catholiques appela l'attention du gouvernement français, qui envoya successivement le contre-amiral

Reine Pomaré IV.

Dupetit-Thouars (1838), Dumont d'Urville (1839), Cécile (1840), Laplace (1841), Dubouzet (1842).

Dans l'intervalle les Anglais étaient parvenus à faire déclarer la religion protestante, religion de l'État tahitien ; aussi les commandants de nos flottes eurent-ils souvent à débattre des règlements relatifs à la liberté du culte. Mais grâce à M. Mœrenhout, consul des États-Unis chargé par délégation des intérêts français, savant, intelligent, dévoué, les indigènes, comprenant enfin que le salut et la tranquillité de leur pays dépent de la liberté de conscience, implorèrent la protection du pavillon français. Une première fois la jalousie de l'Angleterre fit échouer cette demande, et catholiques et résidents français, sans excepter M. Mœrenhout lui-même, eurent à essuyer les vexations les plus humiliantes, auxquelles mit heureusement fin l'arrivée du capitaine Dubouzet.

Le contre-amiral Dupetit-Thouars, au nom de la France, venait prendre possession des îles Marquises, en passant à Tahiti où il retrouva son ami, M. Mœrenhout, ils parvinrent à convaincre quatre principaux grands chefs de la nécessité de réclamer à nouveau la protection de la France.

Le traité passé par l'amiral Dupetit-Thouars, ratifié par le roi Louis-Philippe en mars 1843, ne tarda pas à recevoir un commencement d'exécution. Le capitaine de vaisseau Bruat dut s'entendre avec la reine, un peu trop négligée jusque là, et qui par manière de protestation avait amené le pavillon tricolore. Grand émoi dans le camp des protestants anglais, une campagne acharnée s'ouvrit contre la France.

Un certain Pritchard, à la fois consul anglais, missionnaire, pharmacien, commerçant et maître-jacques de la reine Pomaré, digne prédécesseur de Schaw, le faux Malgache, à son retour d'Australie, où ses affaires l'avaient appelé un instant, se chargea de la direction des hostilités, aidé du capitaine de frégate Toup Nicholas. Peut-être seraient-ils parvenus à nous évincer sans l'énergie de MM. Bruat et Dupetit-Thouars commandant à des forces importantes, la *Reine-Blanche*, l'*Uranie*, la *Charte*, etc. Placée entre l'enclume et le marteau,

Pomaré se décida à exécuter la convention du 9 septembre 1842.

Point digne de remarque : pour le remercier de son intervention, dans une adresse envoyée à l'amiral Dupetit-Thouars figuraient les signatures de trente et un colons et commerçants anglais, indignés et dégoûtés de la duplicité de leur patrie.

Fort de ce concours, Dupetit-Thouars prit, au nom de la France, possession de Tahiti, institua le commandant Bruat comme gouverneur ; mais le gouvernement français ne ratifia pas cette décision et prescrivit au commandant Bruat de s'en tenir aux conventions de septembre 1842.

Le contre-amiral Hamelin remplaça l'amiral Dupetit-Thouars ; bientôt, perdant patience, il fit enlever Pritchard et l'expulsa de Tahiti. Cette exécution sommaire, quoique juste, faillit mettre l'Europe en feu.

Louis-Philippe, qui s'était rendu à Londres, grisé par une réception perfide, se laissa passer par la reine Victoria elle-même l'ordre de la jarretière, ou plutôt, comme le prétendait la presse opposante... de la muselière.

La chambre des députés, après une discussion mémorable, vota 25,000 francs d'indemnité à cet infortuné Pritchard : on ne touche pas à la reine ! on ne touche pas aux Anglais !...

Une semblable humiliation fit retomber la reine Pomaré, un instant émancipée, sous les griffes anglaises. Craignant de mécontenter l'un ou l'autre peuple, elle laissait le champ libre au commandant Bruat, se retirait tantôt dans les îles Sous-le-Vent, tantôt sur les navires britanniques.

Excités sous main par des agents provocateurs, les

malheureux Indiens tentèrent en vain de reconquérir leur indépendance.

Le commandant Bruat en força douze cents à déposer les armes, et à lui rendre les canons et les fusils que leur avaient fournis les Anglais, après une journée qui nous coûta 16 morts et 52 blessés.

Mais les Tahitiens avaient à estimer à leur juste valeur la protection cauteleuse de l'Angleterre et la fermeté généreuse de la France.

Le 7 janvier 1845, Bruat arbora le pavillon du protectorat et mit en état de siège l'île Borabora, où s'était enfuie la reine Pomaré.

En octobre même année, il révisa le code tahitien et promulga de nouvelles lois. Enfin le 17 décembre, le commandant Bonnard enlève le camp de Fatahua réputé inexpugnable et dissipe les dernières illusions. Les armes furent livrées, serment de fidélité prêté au gouvernement.

Pomaré IV continua à bouder jusqu'en mai 1847, époque à laquelle elle accepta le protectorat, en réservant, toujours grâce aux menées anglaises, sa souveraineté entière sur les îles *Huahine, Raiatea, Borabora*.

En 1852 les habitants imaginèrent de l'expulser et de proclamer la république : république éphémère, étouffée comme sa sœur aînée la république française.

Lasse du pouvoir, la reine ne tarda pas à abdiquer ses possessions extra-tahitiennes le 19 août 1857, en faveur de ses enfants : Tamatoa V est couronné roi de l'île Raïatea et de l'île Tahaa, un de ses frères de l'île Huahiné, et sa sœur reine de Borabora.

Peu de temps après son divorce avec son premier mari, elle avait épousé Ariifaïte, fils d'une sœur de

Tamatoa IV, l'homme le plus grand et le plus beau qu'on pût trouver dans les archipels; aussi la lignée royale se compose-t-elle de véritables géants, malheureusement atteints de la phtisie. Ariifaite que les Européennes appelaient prince Albert de Tahiti, par analogie avec le prince Albert d'Angleterre, n'avait pas le titre de roi, mais celui d'époux de la reine.

Néanmoins il ne se piquait pas précisément de fidélité : un jour que cet Hercule maori filait aux pieds d'une Omphale, cheffesse de Punavia, la reine Pomaré intima l'ordre au lieutenant de gendarmerie de ramener à son palais, le volage saisi au milieu d'une *Upa-pa* (1). Sir Ariifaïte revint se coucher comme un lion domestique aux pieds de la reine, qui le cravacha de la belle manière et le mit pour quinze jours aux arrêts forcés, avec sentinelle à sa porte. Nous pourrions raconter mille traits de ce genre, à la gloire de la reine Pomaré. La plus grande qualité, à nos yeux, de son second époux fut d'avoir aimé profondément et sincèrement la France, jusqu'à sa mort, arrivée le août 1873.

De ce mariage naquirent six fils et une fille. Seul le prince Teriitua, né en 1848, auquel sa mère avait donné le nom de Joinville, vint en France avec six de ses compatriotes et resta trois ans dans l'établissement des frères de Ploërmel. Deux ans après son retour, il épousa M<sup>lle</sup> Isabella Vahinetua Schaw, dont il eut un fils, Teriihimoiatua.

Il est peu de Français ayant séjourné à Tahiti qui ne se rappellent avec plaisir cette charmante princesse de Joinville. Elle eut le malheur de perdre son mari

---

(1) *Upa-Upa*, danse tahitienne.

bien peu de temps après son mariage, le 9 avril 1875.

Nous n'avons eu l'honneur de connaître Pomaré-Vahiné que dans les dernières années de sa vie.

Malgré son âge, elle possédait encore une majestueuse beauté : grands yeux noirs, dents blanches, chevelure opulente, physionomie expressive où se peignait la bonté, esprit fin et distingué, cœur dévoué au bonheur de ses sujets, telle nous a paru, même sur son déclin, la reine Pomaré.

Son règne a été en somme heureux et glorieux pour elle et son peuple.

Enfant, trop docile aux conseils des missionnaires anglais; majeure, elle a souvent résisté, non sans raison, aux empiètements des gouverneurs français. Dans la demeure qu'elle habitait, en attendant l'interminable palais que nous lui avions promis, assise pensive sur un grand fauteuil doré, revêtue d'une espèce de blouse tahitienne en satin bleu de ciel garnie d'un double rang de blonde noire, jouant nonchalamment avec un mouchoir de batiste brodé aux fines dentelles, Pomaré-Vahiné avait véritablement grand air.

Bizarrerie inexplicable, la Tahitienne reparaissait dans son habitude de garder les pieds nus. Un jour même, on raconte que le commandant La Roncière dut presque se fâcher pour la contraindre à mettre une chaussure afin d'aller présider au *fare-apoorara* (Palais législatif) l'ouverture de la session.

Très affable envers ses visiteurs, elle savait s'intéresser à tout ce qui les concernait.

Un jour entre autres, où nous étions allé lui présenter nos hommages comme fonctionnaire arrivant à Tahiti, elle s'informa de notre famille, de sa position, etc., moins par curiosité que par savoir-vivre.

Parfois elle aimait à négocier, à la façon tahitienne bien entendu, quelque mariage éphémère entre les dames de son entourage et ses hôtes européens.

Comme nous paraissions un jour admirer la beauté de l'une d'elles, elle nous la fit remarquer avec une expression de fine malice. Les cigarettes de pandanus, que l'une de ses *einaa* (suivante) tenait toujours préparées, ne quittaient ses lèvres que pour passer à la ronde aux lèvres de ses invités, politesse extra-tahitienne. Elle ne dédaignait pas non plus le jeu et portait même la passion jusqu'à....... la tricherie ! Connaissant cette faiblesse, que de fois ne lui avons-nous pas laissé marquer le *Tané* (l'homme-le-roi) !

Lorsqu'on lui avait été présenté, elle ne vous oubliait plus et vous étiez sûr, en la rencontrant en promenade, d'entendre retentir son sonore et joyeux *ia ora na oé* (bonjour à vous). Parfois elle s'oubliait à vous raconter mélancoliquement les souvenirs relatifs à son premier mari Tapoa, que toujours elle regretta, de son fils Ariiaue I$^{er}$, de son cher Joinville et de sa petite-fille chérie, fille du prince Tamatoa que la mort lui avait enlevée au moment où elle venait de l'adopter comme héritière du trône de Tahiti, sous le nom de Pomaré V.

Ce dernier deuil semblait l'avoir accablée, elle habitait une case élevée près du tombeau de cette enfant, ne voulant pas, selon l'expression de l'Écriture, être consolée parce que sa fille n'était plus.

Pauvre reine, de quelles amertumes son cœur n'était-il pas abreuvé lorsqu'elle comparait le présent au passé ! Elle restait comme pour voir disparaître jour à jour les rejetons de sa race, pour voir son peuple lui-même s'éteindre au contact de l'Européen, pour pleurer sa souveraineté devenue vassale de l'autorité subalterne des gouverneurs français. Elle ne sentait que trop la décadence de sa race. Elle savait être la dernière capable de conserver ce fantôme de pouvoir et comprenait bien que son fils, soit par faiblesse, soit par attraction, se laisserait arracher jusqu'à l'indépendance.

La reine Pomaré, quatrième du nom, est morte le 7 septembre 1877, presque subitement. Nous nous trouvions là et nous partageâmes avec tous ses sujets la douleur d'assister à son inhumation.

Océaniens et Européens confondaient leurs regrets. Des îles les plus éloignées où s'étendait le sceptre des Pomaré, un nombreux cortège vint l'accompagner à sa dernière demeure. Hommes et femmes prirent également le deuil, et si l'on doit juger de la sincérité par le sacrifice, combien était vrai l'amour de ses sujets coupant leur noire et luxuriante chevelure pour la jeter à la mer, rapace comme la mort !

Lecteur ! si jamais, visitant l'Océanie, vous séjourniez à Tahiti, à peine débarqué au port de Papeete, profitez d'une délicieuse matinée, laissez derrière vous la ville, prenez à l'est, brûlez les villages de Hamuta et de Pirae, avancez jusqu'à la *Fareau* (Maison communale) du district d'Arué, coupez à gauche vers la pointe de Papaoa, berceau de la famille royale : un temple se dressera devant vous flanqué de son *fare vaïraa tupapau* (monument sépulcral). C'est là que repose, parmi les siens, celle qui fut sur terre la reine Pomaré.

Gardez-vous bien de profaner cet asile sacré en y portant la poussière de la route. Homme ou femme, vous devrez dépouiller vos vêtements, en revêtir d'autres mis à votre disposition ; ainsi l'exige la coutume tahitienne, et votre esprit frappé de ces soins religieux s'imaginera retrouver Saint-Denis dans ce monument de Papaoa.

Roi Ariiane Pomaré V.

Pomaré IV laissait trois fils : les princes Ariiaue, Tamatoa V (1) et Taoarii.

Ariiaue a succédé à sa mère, sous le nom de Pomaré V.

Nous ne savons quel charme poétique s'attache dès l'enfance à la personne de cet aimable prince. Son nom seul renferme tout un poème d'amour et de regrets : nul enfant n'ayant béni la couche royale, les soucis dynastiques avaient contraint la reine à répudier, bien à contre-cœur, son premier époux. A peine l'avait-elle remplacé par le gigantesque Ariifaïte qu'elle apprit la naissance d'un fils de Tapoa, uni à une princesse de Borabora. La douleur qu'elle en ressentit fut si vive, qu'associant par un lien mystique le premier fruit de sa seconde union avec les souvenirs du passé, elle donna au nouveau-né le nom de Ariiaue, prince des pleurs (*arii*, prince; *aue*, pleurs).

D'un caractère charmant et pacifique, on pourrait dire même véritable gentleman, le roi Ariiaue est un homme de taille colossale, de prestance héroïque, au visage ovale, aux traits fins et délicatement arrêtés, gardant ordinairement ce calme olympien qui sied si bien à certaines physionomies italiennes ; sa lèvre est légèrement ombragée d'une moustache noire comme le jais; les cheveux, bouclés naturellement, se groupent en mèches gracieusement ondées autour d'un front large, plein de franchise et de fierté. Il aurait peut-être quelque chose de dur, si ses yeux ne paraissaient moins doux sous leur arcade de sourcils noirs.

On comprendra qu'un roi ainsi doué par la nature se soit attiré l'affection des résidents et fonctionnaires

---

(1) Décédé le 30 septembre 1881.

français, et que son cœur sympathise profondément avec notre caractère national. En toute occasion Ariiaue s'est plu à nous en donner des preuves : pour costume de cérémonie il a adopté celui de général français, du reste il le porte avec tant d'élégance qu'on ne saurait le lui reprocher, et ses sentiments à notre égard lui méritent bien cette faveur, puisqu'il a consenti à abdiquer sa nationalité propre pour devenir notre compatriote, et, par l'acte de cession (20 juin 1880), il a étendu les mêmes avantages à tous ses sujets, mettant à plus haut prix le titre de citoyen français que celui de roi tahitien. Il aura le double honneur de fermer la dynastie des Pomaré en tant que race royale et d'ouvrir l'ère de la civilisation en se faisant proclamer, le premier entre les Polynésiens, membre de cette grande nation française, patrie de la civilisation. Grâce à son influence, notre domination s'étendra bientôt, nous l'espérons du moins, sur les îles Sous-le-Vent.

Pomaré V a été marié le 28 janvier 1875, un peu contre son gré, nous croyons pouvoir l'affirmer, à la princesse Joanna Marau, issue d'un mariage tahitien entre le colon anglais Salmon et une *Fetii* de la reine Pomaré. Cette union, dernière velléité d'indépendance de la part de la vieille reine, valut au gouverneur qui n'avait pas su s'opposer à cette intrusion de l'influence anglaise un blâme sévère et mérité.

Soit antipathie chez le prince Ariiaue pour sa femme, soit au contraire trop d'admiration pour quelque *Vahiné*, le prince ne témoigna jamais, dit-on, une grande sympathie à la reine Harau, du vivant de la reine Pomaré.

Du moins, c'est ce qui semble résulter des plaintes adressées par la reine Marau à Pomaré qui, toujours selon la chronique, lui aurait enseigné la façon dont

Reine Marau, femme de Pomaré V.

elle-même avait rappelé Ariifaïte à ses devoirs. Mais autres temps, autres mœurs!

Nous doutons fort qu'Ariiaue eût ainsi léché la main qui l'eût frappé, et les fines mains de la reine Marau n'auraient jamais su tenir la cravache comme celles de la reine Pomaré.

Notre lecteur a pu voir la belle et séduisante Marau lors de son voyage en France, au cours de février 1884.

Fêtée à l'Élysée, courtoisement accueillie par le peuple français, malgré certaines diatribes de journalistes par trop indépendants du..... savoir-vivre, elle emporta sans doute le meilleur souvenir de la galanterie française, souvenir que lui rappelle d'ailleurs une médaille d'or frappée à la Monnaie sous ses yeux et en son honneur.

La reine Marau ne manque pas d'une certaine beauté; peut-être lui reprochera-t-on d'avoir le nez un peu large, mais jamais gros nez n'a gâté beau visage, et l'éclat de ses yeux ferait tout pardonner.

Ses cheveux d'un noir bleu, qu'elle rejette en arrière, les laissant nonchalamment flotter sur ses épaules, semblent l'envelopper tout entière. Un large diadème orné de perles de son pays et d'émeraudes ceignait son front. Dans son costume national, qu'elle avait tenu à conserver pendant son séjour parmi nous, elle eût pu rivaliser avec les plus gracieuses souveraines. Sa blouse montante, fermée au cou par une ruche, non ajustée à la taille, tissue de la soie la plus riche, voilait, plutôt qu'elle ne cachait ses formes, laissant poindre l'extrémité d'un pied à faire envie aux Parisiennes.

On a souvent reproché, non sans raison, aux Européens d'avoir fait le vide dans leurs colonies et d'avoir établi leur domination sur des ruines, souvent au milieu d'un désert. Nous ne nions pas qu'il en ait été ainsi, surtout dans les pays soumis, comme la Nouvelle-Hollande, la Nouvelle-Zélande, etc., à la civilisation britannique. Tahiti constitue en notre faveur une heureuse exception. Certes, sa population n'atteint pas au chiffre donné autrefois par Cook, mais ce précis d'histoire tahitienne a pu déjà convaincre le lecteur que l'on doit attribuer la décroissance de la population aux guerres intestines si longtemps fomentées par les agents de l'Angleterre et aux effusions de sang inséparables, chez un peuple, de son passage du régime anarchique ou féodal au gouvernement monarchique. Nous ne savons encore quels avantages, à ce point de vue, résulteront de l'annexion, mais ce que nous aurons à constater plus tard, c'est, malgré les désastres causés par plusieurs épidémies, la progression constante de la population tahitienne, à partir de la proclamation du protectorat français jusqu'au moment de la réunion à la France.

Voilà donc une race indigène qui se sera élevée à la civilisation la plus raffinée autant par ses qualités personnelles que par le don de notre puissance éducatrice.

Espérant que nos lecteurs partageront notre sympathie envers nos frères tahitiens, nous leur demanderons de vouloir bien nous suivre dans l'étude quelque peu aride de la description géographique.

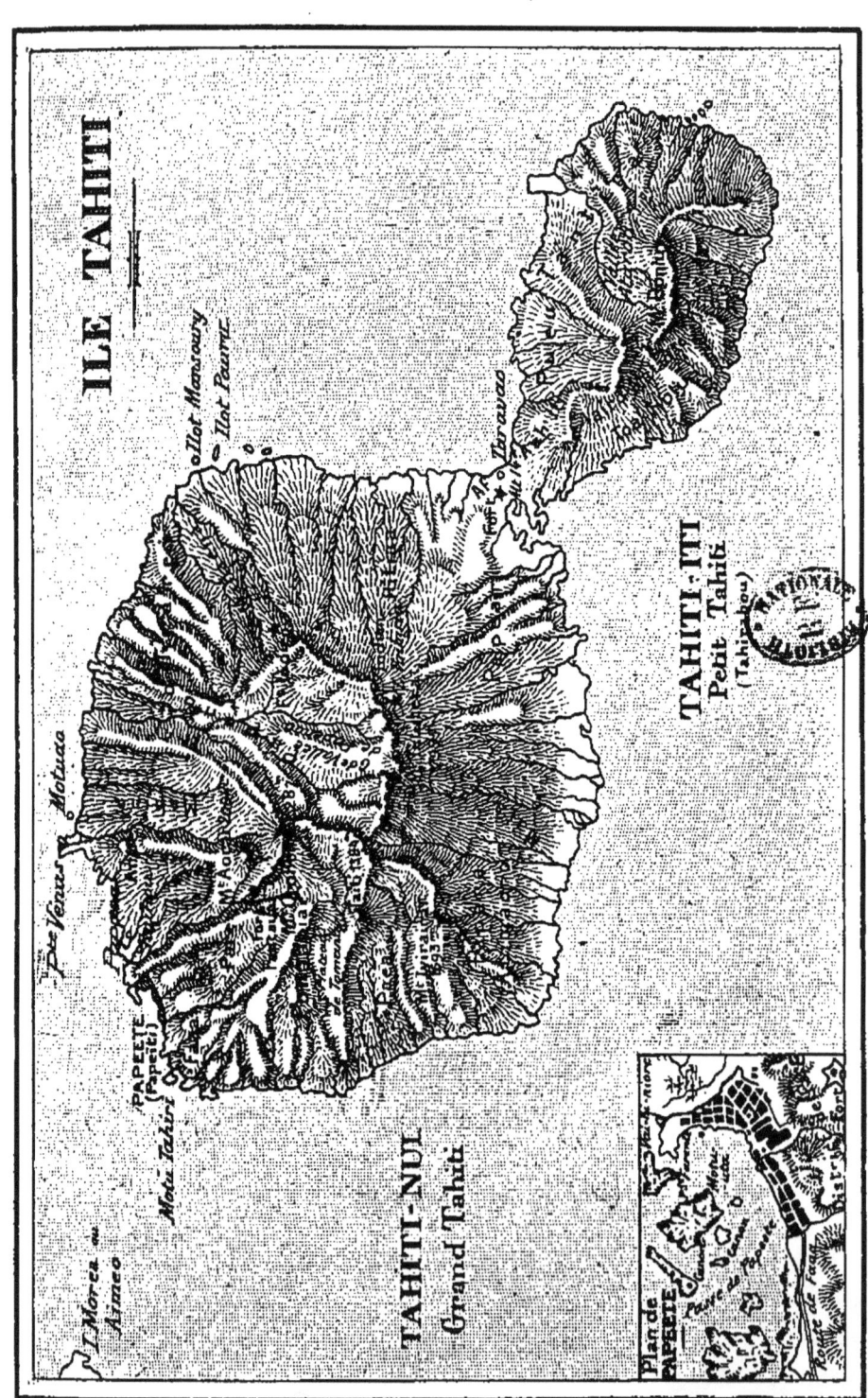

# CHAPITRE II

Géographie physique. — Topographie. — Orographie. — Hydrographie.

On ne saurait rendre l'impression agréable que l'on éprouve en approchant de Tahiti, quand le matelot de vigie vient de crier Terre!

Bientôt après, la brise vous apporte des bouffées d'air embaumé par les gardénias en fleurs.

Déjà surgissent à l'horizon de hautes montagnes découpées en formes bizarres. Voici le *Maiao* ou *Diadème*, qui, projetant à de grandes distances ses crêtes, peut passer pour une des montagnes les plus remarquables de l'Océanie, et, entre les nombreuses cascades aux filets d'argent, la magnifique cascade de Fatahua; puis, avant de jeter l'ancre à Papeete, à tribord, les hauts et imposants mornes de l'île Mooréa.

Mais, avant d'y parvenir, il aura fallu esquiver les blancs récifs de corail qui entourent presque entièrement l'île et sont placés de chaque côté de la passe, — à moins que les exigences sanitaires ne vous retiennent au verdoyant îlot de *Motu-Outu*, véritable oasis où la reine Pomaré aimait jadis à promener ses rêveries et qui sert aujourd'hui de lazaret.

L'île de Tahiti est formée par la réunion de deux presqu'îles de diamètres différents : Tahiti (*Porionuu* ou *Tahiti nui*, grand Tahiti) proprement dit et la presqu'île de Taiarabu (*Taiti-iti*, petit Tahiti), reliées entre elles par un isthme de 2200 mètres de largeur, dont la plus grande hauteur est de 14 mètres au-dessus du niveau de la mer.

L'île Tahiti mesure en superficie 104 215 hectares, dont 79 485 hectares pour l'île proprement dite et 24 730 hectares pour la presqu'île.

Le périmètre total est de 191 kilomètres, savoir : 119 kilomètres pour Tahiti et 72 kilomètres pour la presqu'île.

De production volcanique sous-marine, son sol, pierreux et dur au sommet des montagnes, se compose souvent d'argile sur les plateaux intermédiaires ; mais, dans les vallées et sur les bords de la mer, une épaisse couche de terre végétale le recouvre et le rend propre à toute espèce de productions tropicales.

L'immense soulèvement auquel l'île Tahiti doit sa naissance, l'a dotée de collines et montagnes dont les principales sont : l'*Aoraï* (2 074$^m$), l'*Orohena* (1 236$^m$.), le *Maiao* ou *Diadème* (1 239$^m$) et dans l'isthme de Taiarabu le *Niu* (1 324$^m$).

Une ligne de récifs coralligènes sépare l'île Tahiti de la pleine mer ; coupée sur différents points par des ouvertures ou passes, elle donne en plusieurs endroits un accès facile dans des ports spacieux et sûrs, tels que ceux de Papeete, Papeuriri, Phaeton, Tautira et Hitiaa.

Le port principal, celui de Papeete, large et sûr, est accessible pour des bâtiments de tout tonnage. On y pénètre par trois passes. Celle de Papeete même, ou grande passe au nord, est la plus fréquentée ; son entrée, située un peu à l'ouest de la ville, a 70 mètres de largeur ; sa longueur, peu considérable, est de 80 mètres environ ; les fonds y sont de 13 mètres. La passe de Tanoa, à l'est, est commode à l'entrée, mais le chenal long et tortueux, est parcouru difficilement par de grands navires. Enfin, à l'ouest se trouve celle de Tapuna, que peuvent seuls fréquenter les petits caboteurs.

De nombreux cours d'eau descendent des montagnes, arrosent la plaine et vont ensuite se jeter dans la mer. On peut citer principalement les rivières de Punaru, d'Atimaono, de Vahiria, de Tautira, d'Hitiaa, de Papenoo, de Fatahua; cette dernière provenant de la cascade dont nous avons parlé et qui, haute de 130 mètres, mériterait d'être rangée parmi les plus remarquables, si quelques rochers et collines n'en masquaient la chute à son extrémité.

N'oublions pas le magnifique lac de Vahiria, dont on trouvera plus loin la description.

## CHAPITRE III

### Météorologie. — Population.

Pour Tahiti comme pour toute la région tropicale, l'année se divise en deux saisons, la saison sèche, allant d'avril en décembre, et la saison pluvieuse, allant de décembre en avril. Cette dénomination de saison sèche n'implique pas forcément la rareté des pluies; elle signifie seulement que la pluie n'affecte jamais le caractère de violence qui la distingue si souvent dans la saison pluvieuse ou hivernage.

D'avril en décembre, les vents soufflent du Sud-Est au Nord-Est en passant par l'Est. La brise de l'Est ou de mer, s'élève entre 9 et 10 heures du matin et atteint ordinairement sa plus grande force vers midi et 2 heures; elle décroît de 3 à 4 heures, fait place à un calme auquel succède bientôt la brise de terre qui descend des montagnes vers 8 heures et est très rafraîchissante; les indigènes l'appellent *huppe*. De décembre en avril les vents sont très variables.

Le vent d'Est amène la pluie et les orages. Les vents du Nord et du Nord-Est présagent la tempête et durent parfois quatre jours. Alors le grain tombe avec violence et la mer en devient généralement grosse sur les côtes Nord-Ouest.

Les courants sont considérables dans les baies et aux environs des récifs. Consulte-t-on le baromètre? les hauteurs observées varient entre 756 et 762 millimètres; le thermomètre ne s'élève pas au-delà de 27° la journée et de 20° la nuit, pendant la belle saison; mais pendant l'hivernage, il monte jusqu'à 31° le jour et 29° la nuit. Encore devons-nous faire observer que ce chiffre se rapporte à Papeete, séjour le plus chaud de l'île, par suite de sa position abritée des vents généraux du Sud-Est. Dans les autres localités la température est plus fraîche; rarement des ouragans, point de cyclones périodiques comme en Nouvelle-Calédonie, par exemple; à peine éprouve-t-on quelquefois de violents coups de vent, des raz de marée qui rendent la mer très grosse sur les côtes.

La pleine mer a lieu tous les jours de 1 à 2 heures, dans la rade de Papeete; les plus grandes marées n'ont jamais atteint plus de 50 centimètres. Les jours les plus courts ont une durée de 11 heures; en juin, le soleil se lève à 6 heures 32 minutes et se couche à 5 heures 30 minutes. La durée des jours les plus longs est de 13 heures; le soleil se lève à 5 heures 27 minutes et se couche à 6 heures 30 minutes. Les levers du soleil varient entre 5 heures 20 minutes et 6 heures

35 minutes ; les couchers entre 5 heures 28 minutes et 6 heures 39 minutes.

La salubrité du climat est excellente, et convient aussi bien à l'Européen qu'à l'indigène. Le soleil, si redoutable dans les contrées tropicales, reste inoffensif à Tahiti; la moyenne des insolations semble la même qu'en France.

Les fièvres des pays chauds sont inconnues malgré les marécages. Tout enfin contribue à faire de cette île une terre privilégiée, une sorte d'Éden océanien où les saisons passent inaperçues dans un été continuel.

Si l'on en croyait les récits des anciens voyageurs qui ont visité Tahiti à l'époque de son indépendance anarchique et féodale, il faudrait supposer, ou bien qu'au moment de la découverte, la race tahitienne tendait à sa décrépitude, ou bien que le contact des Européens lui a été on ne peut plus funeste.

Cook, en effet, porte la population de Tahiti de 70 à 80,000 âmes; mais, selon toute probabilité, ce célèbre capitaine a prêté à la population de toute l'île une densité égale à celle de la baie où il jeta l'ancre.

En 1797, quelque trente ans après, le missionnaire Wilson ne reconnaît que 16,000 âmes; il signale, il est vrai, un décroissement rapide, qui, rationnellement, n'a pu atteindre une proportion si désastreuse. Quoi qu'il en soit, jusqu'en 1852, il n'y eut point d'état civil ou de recensement permettant d'établir une statistique digne de foi. Le chiffre officiel paraît varier, depuis lors, entre 7,000 et 7,500 et atteint avec la population étrangère 9,380 d'après le dernier recensement. dont, pour Papeete, 3 224 habitants, sur lesquels on comptait la moitié environ de Français ou descendants de Français.

L'écart entre l'estimation du missionnaire Wilson et les données officielles semble encore considérable, mais il ne faut pas oublier que Tahiti, par sa position centrale dans la Polynésie, a vu souvent affluer chez elle les indigènes des autres îles dont le flux et le reflux semblaient augmenter ou diminuer, aux yeux d'observateurs passagers, sa population véritable.

On pourrait encore alléguer que les premiers Européens, ayant peu séjourné, ont été induits en erreur comme les spectateurs de nos théâtres, aux yeux desquels une poignée de figurants défilant plusieurs fois sur la scène représente toute une armée. Cette explication nous paraît d'autant plus plausible qu'avec une population nomade et une minime étendue, Tahiti envoyait aux vaisseaux étrangers, quelque part qu'ils abordassent, la totalité de ses enfants.

Cependant nous ne saurions nier que des causes multiples et diverses ont contribué à l'affaiblissement de cette race, telles que les luttes intestines entre les divers chefs de l'île pendant la période anarchique, la guerre d'unification du pouvoir qui mit le sceptre aux mains des Pomaré, guerre compliquée par les dissensions religieuses, le désespoir causé aux Tahitiens orgueilleux de leur civilisation par la supériorité d'Européens plus civilisés, leurs efforts suprêmes pour atteindre ou pénétrer les secrets de notre puissance, les maladies apportées par les équipages des navires occidentaux : nous ne saurions nier, disons-nous, que toutes ces causes multiples et diverses, convergeant vers un même but, la destruction de la race, aient considérablement contribué à son affaiblissement ; aussi ressentons-nous une véritable compassion, une immense pitié, quand nous

Vue de Papeete prise de la montagne.

entendons les Maoris, le sourire aux lèvres, au cœur la désespérance, nous répéter ce dicton fatal :

> L'oiseau européen a tué l'oiseau maori,
> Le rat européen a mangé le rat maori,
> L'homme européen fera mourir l'homme maori !...

## CHAPITRE IV

### Division du pays.

Partagée en royaume et en principautés avant l'arrivée des Européens, divisée en districts lors de la réunion sous le sceptre des Pomaré, l'île de Tahiti a conservé cette circonscription sous le protectorat et sous le gouvernement de l'annexion. Elle compte vingt et un districts qui, outre la ville de Papeete, forment dix-huit chefferies.

Papeete, chef-lieu de notre colonie de Tahiti et de nos établissements de la Polynésie, autrefois capitale des Pomaré, a continué à servir de résidence au gouverneur.

Cette ville, située au nord de l'île, se développe en fer à cheval tout le long de la plage, offrant le plus riant aspect; elle commence à l'Est à la pointe de *Fareuté*, où s'élève l'arsenal, et se continue à l'Ouest jusqu'à la pointe de l'*Uranie*, où se dresse la batterie de l'embuscade, destinée à défendre la grande passe. C'est une jolie ville, mais située dans une plaine étroite et immédiatement limitée par une série de mornes qui vont se raccorder aux hautes montagnes de l'intérieur.

Le tracé de ses avenues et de ses rues, dont la plupart aboutissent à la mer et qui sont toutes ombragées par de hautes futaies de buraos (purau), de bois de rose et de flamboyants aux sombres voûtes de verdure, offre un aspect charmant. Les habitations à vérandas, garnies de guirlandes de vanille, construites au milieu de jardins capricieusement dessinés et coquettement entretenus, produisent un effet magique, grâce à la vivacité et au parfum pénétrant de la flore tropicale. Sur la plus grande partie de ce parcours semi-circulaire, des quais, également ombragés, où peuvent s'amarrer à cause du fond considérable, même les grands navires; a peu près au centre, une fontaine d'eau douce la plus limpide, servant d'aiguade, permet aux embarcations de faire leur eau sans grand dérangement. C'est dans cette partie de la ville que se trouvent les principales maisons de commerce.

On remarque surtout à Papeete : l'hôtel du gouvernement entouré d'un frais ruisseau et de gracieux jardins; tout à côté au pied de la montagne, le palais du roi, devant lequel se déroule une pelouse magnifique; entre ces deux palais se cache sous un coquet fouillis de plantes exotiques le cercle militaire; dans la spacieuse et renommée avenue de la Reine-Blanche, se développent deux vastes casernes.

L'hôpital militaire, contenant quatre-vingts lits, les magasins de l'État, le tribunal, l'église Notre-Dame et l'arsenal, attirent le regard dans d'autres quartiers. On remarque encore sur la route de Hamuta, un temple, une léproserie et un cimetière appartenant aux Chinois.

Mais les deux endroits les plus curieux de Papeete sont la rue de la Petite-Pologne et le marché.

Les alentours ne déroulent pas un spectacle moins charmant; on peut sortir de Papeete par la grande

Maison du directeur de la plantation d'Atimaono.

route qui fait le tour de l'île, à laquelle s'amorcent de nombreux sentiers ombragés d'orangers en fleurs, de bananiers, de cocotiers, de goyaviers, etc., et se dirigeant vers la montagne. Cette route est coupée d'une multitude de ruisseaux et rivières sur lesquels l'admimistration a fait élever des ponts.

En sortant de Papeete dans la direction de l'Ouest, nous rencontrons le district de *Faaa*, riche en plantations de café et de cocotiers et en quelques exploitations de cotonniers. Le village de Faaa est presque un faubourg de Papeete, mais son district se prolonge beaucoup plus à l'ouest, jusqu'à celui de *Punaauia* dans lequel s'étend la belle vallée de *Punaru* (champ de bataille entre les indigènes et nos soldats en 1845) jusqu'au centre de l'île formé par le Maiao ou Diadème, puis débouche sur les deux vallées de Fatahua et de Papenoo. Là, tombe en ruines un grand fort flanqué de plusieurs tours construites sur les collines voisines; là s'élevait jadis le Marae (1) d'Atahourou, dont subsistent encore quelques pierres de l'autel arrosé par le sang de tant de victimes humaines.

Du Diadème et des contreforts environnants descendent de nombreux ruisseaux qui sillonnnent le district de *Paea*, le fertilisent au point d'en faire un des plus recherchés par les colons européens.

*Papara* et *Atimaono*, qui confinent à Paea, ne formaient qu'un seul district; une Compagnie agricole, ayant fondé en 1864, un vaste établissement, en obtint la séparation.

Dans celui de *Papara*, se trouve la pointe dite de *Maraa*, presqu'à l'extrémité sud-ouest de l'île, renfer-

---

(1) Temple des anciens tahitiens.

mant des cavernes naturelles qui s'étendent sous la montagne à une profondeur inconnue et ont, dit-on, servi de refuge pendant le jour à la population, au temps des grandes guerres.

Les plantations de la Compagnie agricole d'Atimaono comprenaient également une part du district de *Mataïea*, dans lequel est situé l'excellent port de Papeuriri, où les navires, quittant Papeete pour San-Francisco, opèrent généralement des chargements d'oranges.

Ne quittons pas Mataïea, le point le plus pittoresque de toute l'île, sans parler du lac mystérieux de *Vaihiria*, lac que la superstition des Tahitiens peuple de *Tupopaus* (Esprits) frappant l'eau de leurs longues ailes d'albatros.

Si l'horreur de la solitude, l'aspect d'une nappe d'eau à 432 mètres au-dessus du niveau de la mer, longue de 600 à 700 mètres et large de 500 mètres, ne vous épouvante point, gravissez avec nous les sentiers embaumés de la montagne, ne craignez pas surtout de vous mouiller les pieds en traversant les quarante et quelques méandres d'un ruisseau qui la serpentent, vous vous en dédommagerez en aspirant à mi-côte les suaves senteurs des citronniers, des orangers, des mimosas, des pommiers de Cythère, etc.; vous vous sentirez attiré plus haut par le bruit des cascades qu'ombragent les larges et vertes feuilles du *Feï*.

*Excelsior!...* au sommet du plateau vous attend le lac si vanté, dont le lit fut, d'après les uns, un cratère. Spectacle grandiose non moins qu'étrange.

Pas un pli ne vient rider cette mer morte, et, comme pour en redoubler l'horreur, des pics élevés, le *Tetufera* et le *Purau*, semblent en y réfléchissant leur mirage, sonder la mystérieuse profondeur de ces abîmes.

Allée conduisant à vallée de Fatahua.

Heureusement, nous sommes partis de compagnie, précaution nécessaire, car au cri d'admiration succéderait bientôt chez le voyageur isolé un véritable frisson d'épouvante au milieu de ces splendeurs et de ces tristesses.

Arrachons-nous à ce charme, nous dirions presque à ce vertige, et descendons dans le district marécageux et montagneux de *Papeari*, où l'on rencontre cependant quelques plateaux cultivables.

De *Papeari* on arrive à *Taravao*, point culminant de l'isthme et où se profile le fort du même nom.

Du fort, on découvre à l'ouest le magnifique port de Phaéton, assez vaste pour abriter de nombreux navires, mais dont la position sous le vent de l'île et l'étranglement de ses passes diminuent beaucoup l'importance.

Au delà de Taravao, dans la presqu'île, nous rencontrons à l'ouest les districts de *Tohahatu*, *Vaïraho*, *Mataoaé*, *Teahupoo*; c'est dans ce dernier, le plus occidental de l'île, que s'arrête la route de ceinture.

On ne peut donc aller directement de Teahupoo à Tautira que par mer.

A l'est de Taravao, le district de *Afaahiti* dont il fait partie.

Outre son fort et sa maison de détention, Taravao se distingue par ses bancs d'huîtres d'une saveur exquise, ainsi que le lecteur venu sur ce point, en négociant ou en touriste, pourra s'en convaincre en allant demander l'hospitalité à notre vieil ami M. Lucas, chez qui nous avons toujours trouvé le plus gracieux et le plus bienveillant accueil. Dans cette oasis paisible et enchanteresse aux gigantesques orangers on peut frapper à la porte de toute case indigène, sûr d'y recevoir cette vieille hospitalité maorie.

Tant pis si vous n'aimez pas les odeurs capiteuses, car si vous voulez visiter les deux districts à oranges de *Pueu* et de *Tautira*, districts qui se trouvent après *Afaahiti* sur la côte Est, dans la presqu'île, vous n'auriez d'autre ressource que de vous embarquer pour l'îlot *Meetia*, situé à 60 milles environ de Tautira, dont il dépend.

A Tautira s'arrête la route de ceinture pour la côte Est, la falaise ne permettant pas de la prolonger.

De Taravao, prenant la direction Est de Papeete, nous nous engageons d'abord dans le district de *Hitiaa*, où se fait aussi un très grand commerce d'oranges. Ses forêts ont décidé quelques constructeurs pour petits bâtiments à s'y établir. Sa vallée est large et d'une culture facile.

Sauf en ce qui concerne les ateliers de construction, nous pourrons appliquer les mêmes remarques au district plus petit de *Mahahéna*, où se livra un combat sanglant en 1845.

Traversons à la hâte le district de *Tiareï*, dont la route si difficile se réduit parfois à un simple sentier tracé sur les flancs escarpés de la montagne, et parcourons à l'aise le vaste district de *Papenoo*, en côtoyant sa rivière à travers la vallée la plus considérable de l'île, jusqu'au pied des plus hautes montagnes dont les sommets ressemblent aux arêtes d'une couronne. A 7 kilomètres de ce district affleure le banc de corail sur lequel s'échoua l'*Artémise* et auquel on a donné son nom.

Non loin s'élève une magnifique avenue terminée par le phare de la pointe de Vénus, point le plus septentrional de l'île dans le district de *Mahina* et dans le village de *Haapape*.

Le lecteur a vu Wallis y débarquer et Cook y établir son observatoire, dans le port appelé Matavaï, à l'ouest de cette pointe, et ce district a besoin de ces souvenirs historiques pour y attirer le voyageur, car son sol trop sablonneux n'est pas fait pour attirer l'attention des colons.

On y remarque encore aujourd'hui l'arbre magnifique et vénérable connu sous le nom de Tamarinier de Cook, parce qu'il l'y planta.

La route, en quittant Mahina et allant vers Arué passe sur la colline *Taharahi*, dont le flanc, taillé à pic sur la mer, montre une coloration rouge très marquée.

Wallis et Cook nommèrent ce morne avancé *cap de l'Arbre*, à cause d'un arbre isolé disparu aujourd'hui et qui en garnissait le sommet.

*Arue* est un petit district dont toute la grandeur consiste dans son Marae de *Papaoa*, berceau et tombeau des Pomaré.

Les sept ou huit îlots Tétiaroa situés à 20 milles au Nord de la pointe Vénus le complètent.

Donnons une larme à la dynastie tahitienne et continuons notre route vers Papeete, après avoir traversé les villages de *Pirae* et de *Hamuta* et la vallée si célèbre de *Fatahua*, où le commandant Bonnard écrasa définitivement la résistance.

A *Fatahua* la température est sensiblement plus fraîche qu'à Papeete, si fraîche que les fraises et les artichauts et plusieurs fleurs de France y réussissent admirablement, cultivés par l'unique gardien du fort. De notre temps la garde de ce fort était confiée à un vieux sous-officier d'artillerie retraité, dont la surdité et l'originalité en avaient fait un vrai type, surnommé par les indigènes le *père Fatahua*. Chaque samedi il descendait à Papeete apporter ses produits et était l'hôte des artilleurs qu'il égayait par ses récits, jusqu'au lundi matin. Ce vieux brave, connu de tous les voyageurs qui ont visité Tahiti ces dernières années, a été rencontré par nous ces jours derniers à Paris, où il pleure ses chères montagnes et leur solitude.

Nul Européen ne part de Tahiti sans faire un pèlerinage au fort de Fatahua. Quel site plus grandiose que ces mornes de basalte, ces forêts suspendues aux montagnes où l'on respire au bruit charmeur de la cascade, au milieu des lianes et des hautes fougères, dans une solitude imposante, l'air embaumé qui s'exhale de la vallée en fleur? Mais, pour y parvenir, quelle rude ascension à travers les gorges étroites des forêts épaisses et des ruisseaux capricieux! Souvent ces gorges s'étranglent en vrais défilés entre des montagnes resserrées et inaccessibles. Dans ces thermopyles, une poignée de braves triompheraient d'une armée.

Aussi n'est-ce pas sans un juste sentiment d'orgueil que nous rappelons la prise de *Fatahua* par les soixante soldats du commandant Bonnard ; ces héros, se faisant une échelle de leurs baïonnettes, gravirent non les sentiers, mais les parois de la montagne et apparurent tout à coup aux indigènes terrifiés, comme des dieux ou des fantômes auxquels il serait impie de vouloir résister.

Douze cents Maoris, aux lances redoutables, armés par les Anglais de fusils et même de canons, mettant bas les armes se rendirent à soixante Français! sur la tête de ces braves, certes, ce jour-là, le colossal et coquet Diadème semblait comme une couronne aux mains de la victoire.

Depuis longtemps déjà nous nous sommes engagés dans le dernier district, celui de *Paré*, dont dépendait autrefois Papeete, et qui est à cette capitale ce qu'est à Paris le département de la Seine.

De ce côté, les limites de la ville sont marquées par un épaulement en terre et un fossé qui servaient autrefois à mettre la garnison à l'abri d'un coup de main des indigènes.

## CHAPITRE V

Gouvernement. — Vie administrative et vie privée.

Avant que la dynastie des Pomaré eût établi son autorité sur les ruines de Tahiti et des archipels circonvoisins, le pouvoir était partagé dans chaque île entre une aristocratie de chefs indépendants, chez qui la force établissait le rang. Nous avons vu que l'île *Raiatea* était considérée comme le berceau des races royales, nous entendons de celles qui portaient le *Maro rouge* et l'avaient fait triompher par la défaite et la mort de Terii Marotéa, du Maro blanc adopté à Borabora.

A Tahiti, lors de sa découverte, un seul chef *Oammo*, mari de la reine Obéréa possédait cet insigne, et neuf autres chefs, issus de la même famille, quoique de branches diverses, se disputaient le pouvoir.

Le gouvernement était pour ainsi dire théocratique, la race royale descendant du dieu-roi *Hiro*. Au-dessous du roi, au dessous des princes, la Société Tahitienne comprenait trois classes, les *Arii*, les *Raatira*, les

*Manahune.* Les *Arii* (*arii*, roi, chef principal), probablement descendants d'une autre race émigrée victorieuse jouaient à Tahiti et dans le reste de l'Archipel le rôle des nobles au moyen âge ; ils avaient tous les droits, et point de devoirs.

Dans la famille de l'Arii, commandait toujours un chef, mais dès qu'il survenait à celui-ci un enfant, cet enfant prenait la place de son père devenu simple régent. L'Arii pouvait seul prononcer tel ou tel mot interdit au vulgaire ; si par hasard un Arii se mésalliait fût-ce avec une Raatira, femme de la classe intermédiaire, le mariage était réputé contracté avec une *Tata-ino* (mauvais-conjoint). Qui ne reconnaît là l'orgueil de ces ἄριστοι des républiques grecques? Un dernier trait montrera l'immensité qui séparait l'Arii du Raatira.

En adoptant un nom, l'Arii le rendait *tabou*, c'est-à-dire que toute personne le portant et appartenant à une autre caste devait immédiatement en changer.

Les *Raatira*, conquérants plus anciens, conquis à leur tour, possédaient encore un reste de puissance sur les autochtones. Les Arii leur avaient laissé une part du sol, mais pour empêcher que jamais cette classe ne pût lutter contre ses maîtres, ils avaient imposé une loi en vertu de laquelle tout objet de litige entre familles raatira pouvait être abandonné aux Arii par l'un ou l'autre des prétendants, ce qui arrivait régulièrement, le vaincu, par dépit, ne voulant pas le laisser à son heureux compétiteur.

Quant aux honneurs stériles, les Arii en comblaient les Raatira ; on disait les *hui Raatira*, comme on disait les *hui Arii* tandis que l'on se contentait pour la plèbe d'un vulgaire *te mau tataa* (les hommes).

Pauvre plèbe, sur laquelle les grands avaient droit

Chef de district et sa femme.

de vie et de mort! à Tahiti pas plus qu'ailleurs elle

n'avait rien en propre. Cependant le *Manahuné* n'était point le serf européen, il possédait son héritage à ferme, moyennant certaines redevances peu onéreuses, et le transmettait intact à ses enfants sous les mêmes conditions. Il prenait plutôt le caractère d'usufruitier permanent que celui de l'esclave ou du serf. Pour lui, pas d'espoir de sortir de sa caste, à moins d'entrer dans la domesticité d'un Arii (*Teuteu Arii*), afin d'y jouir des insolents privilèges habituels à la livrée.

Toutefois la secte des *Ariois* lui ouvrait son sein, comme le clergé le sien au serf du moyen âge, et alors grâce au prestige du tatouage emblématique, il devenait supérieur même au Raatira.

Outre ces trois classes, nous avons cru en distinguer une quatrième que nous pourrions appeler *bâtarde*, provenant de mésalliances princières ou de descendants issus des produits de ces mésalliances, ce sont les *Eietoaii*. Participant aux honneurs princiers, et par là supérieurs même aux Arii ; mais entachés pour ainsi du crime d'illigitimité, ils se trouvaient déclassés et au-dessous des Raatira.

On ne peut guère leur assigner d'analogie qu'avec les princes morganatiques russes ou allemands et leur descendance, si ces derniers restaient affectés de bâtardise aux yeux de la société.

Bien que la femme fût réduite à un état d'infériorité qui allait, en certains cas, jusqu'à la servitude, bien qu'elle fût exclue de la prêtrise et des *Maraé*, la royauté ne lui était pas interdite : elle voyait ses ordres aussi bien exécutés par ses sujets, ses privilèges restaient aussi sacrés que dans le cas où le sceptre était tenu par une main masculine. Elle pouvait faire la guerre en personne, et quelques-unes, comme on l'a vu s'en sont bien acquittées.

A Tahiti l'alliance avec une noble anoblissait. Ce privilège, toutes les femmes des classes supérieures en faisaient bénéficier leur descendance.

Le formalisme religieux se manifestait surtout lors de la déclaration de guerre. Les prêtres, comme les flamines à Rome, cherchaient dans les entrailles palpitantes des victimes humaines à lire les arrêts du destin. Si le présage était favorable, des hérauts en costume de guerre partaient annoncer à l'ennemi les hostilités proclamées; dès lors tout devenait permis, le *Tahua Oripo* (prêtre coureur de nuit), profitant de son caractère religieux, pénétrait dans le camp ennemi pour s'y livrer à l'espionnage. Il en résultait souvent des surprises sanglantes où l'on se massacrait sans merci. Quelquefois, après la bataille, la tribu vaincue avouait sa défaite et envoyait des députés pour se remettre à la discrétion du vainqueur.

La communauté d'origine des Arii tempérait la barbarie de la victoire; on voulait bien se combattre, mais non s'exterminer, chaque chef conservait fidèlement les archives de sa famille, et jamais chevalier européen ne cita avec plus d'orgueil sa généalogie que les chefs tahitiens. Nous l'avons dit quelque part, la société tahitienne a eu longtemps pour pivot l'association des Arioïs; à la guerre, à la danse, nous les retrouverons toujours au premier rang. Comme ils n'eurent jamais d'ambition politique, ils ne formèrent jamais un parti et combattaient dans l'un et l'autre camp selon la tribu à laquelle ils appartenaient par droit de naissance.

Toute cette organisation a disparu sous l'influence

des missionnaires anglais, qui ont bien su détruire, mais non réédifier.

Un code imposé par Pomaré II à ses sujets, code dans lequel la législation pénale se confondait trop souvent avec la pénitence religieuse, ne pouvait longtemps subsister chez un peuple d'une civilisation aussi peu rapprochée des coutumes britanniques. Tout le résultat obtenu par la mission protestante anglaise se résume en deux mots : hypocrisie, ivrognerie!...

Les Tahitiens désapprirent le respect dû à leurs chefs désormais déchus de leur hérédité divine; la société bouleversée vit sombrer, avec les Arioïs, ses coutumes, ses plaisirs, en un mot son existence.

Le régime parlementaire apporté à Tahiti (*via London*) fut la plupart du temps une véritable comédie, qui parfois tourna au tragique, notamment lors des prises d'armes contre catholiques.

Le protectorat a dû respecter, pendant un certain temps, cette assemblée pour ne pas jeter un nouveau désordre dans un pays désemparé, mais quand ses représentants eurent voté une série de lois destinées à remplacer le code politico-religieux des Pomaré, sa réunion autrefois si pompeuse tomba peu à peu en désuétude.

Depuis 1881, la législation en vigueur semble mieux adaptée à l'esprit national des Tahitiens.

La colonie française de Tahiti est administrée par un gouverneur assisté d'un ordonnateur, d'un directeur de l'intérieur, d'un chef de service judiciaire. Toutes les affaires sont débattues dans un conseil d'administration présidé par le gouverneur et où figurent, outre le gouverneur et ses assistants, le capitaine directeur d'artillerie, deux habitants notables et quatre suppléants à la nomination du gouvernement. Pour le vote du budget local et l'établissement des taxes et contributions, il se complétait par l'adjonction des membres du conseil colonial constitué par arrêtés locaux des 30 juin 1880 et 5 août 1881, et composé de douze membres élus pour un an.

Le *Journal officiel* du 11 janvier 1886 a publié le texte de deux décrets élaborés par le conseil supérieur des colonies, où Tahiti est représenté par un délégué, l'un réglant le pouvoir du gouverneur et de divers chefs d'administration des établissements français de l'Océanie, l'autre l'organisation du conseil général en remplacement du conseil colonial. Puisse ce nouveau système rendre à la colonie les services qu'elle en attend !

Il existe aussi à Papeete une chambre d'agriculture, une chambre de commerce et une caisse agricole.

Dans chacune des dépendances de Tahiti, se trouve détaché un résident administrateur et un chef de poste placés sous la haute direction du gouverneur.

Le nombre des résidences est de cinq qui se répartissent ainsi : *Taravao, les Marquises, les Tuamotu, les Gambier, Moréa ;* celui des chefs de poste, de deux : *Tubuai et Rapa.* Ces divers administrateurs remplissent, en outre, les fonctions de juges de paix et d'officiers de l'état civil. Des agents spéciaux ou sous-résidents sont chargés de leur suppléance et aussi du service de la poste.

La justice est rendue par les tribunaux français en ce qui concerne les affaires civiles, commerciales et criminelles et par des tribunaux mixtes où siègent des juges français et indigènes (*les toohitu*), dont la compétence est limitée aux contestations relatives à la propriété des terres entre indigènes.

Pour représenter leurs intérêts, l'Angleterre, les États-Unis, le Danemark, l'Allemagne, le Chili, l'Italie, le royaume hawaïen, la Suède et la Norwège ont établi à Papeete des consuls chargés de veiller aux transactions intervenues, soit entre leurs nationaux et les colons français, soit entre ces mêmes nationaux et les indigènes. Quant aux Chinois qui, comme nous le verrons plus loin, pullulent à Tahiti, ils jouissent d'une représentation spéciale : la congrégation. Des chefs de congrégation, véritables consuls et agréés par le gouvernement, discutent avec l'autorité coloniale les intérêts de leurs compatriotes. Ils sont à cet effet appointés sur le budget local.

Chaque district possède un chef ou une cheffesse, qui joue à peu près parmi ses compatriotes le rôle du maire d'une commune en France, et est assisté de conseillers titulaires de districts et de suppléants.

Tels sont les principaux rouages du gouvernement.

Une station locale, composée d'un transport, d'un aviso à vapeur et de quatre goëlettes à voiles, est mise à la disposition du gouverneur pour les besoins de la colonie.

Une direction d'artillerie comprenant une demi-batterie et un détachement de la 6ᵉ compagnie d'ouvriers, une compagnie du 3ᵉ régiment d'infanterie de marine et un détachement de gendarmerie coloniale, composent la garnison.

Pour s'assurer du fonctionnement régulier des services administratifs et montrer aux indigènes la sollicitude du gouvernement à leur égard, chaque année le gouverneur accompagné des officiers et chefs de service de la colonie passe une tournée d'inspection, parcourant chaque district avec son cortège européen et indigène : artilleurs, soldats d'infanterie de marine et *mutoïs* (garde indigène).

Nous aurons à reparler des fêtes ou *Amuraa*, auxquelles donne lieu dans chaque district cette visite.

Arrivé au fort de *Taravao*, grande revue des forces militaires, aux acclamations de presque toute la population de la presqu'île de Taïrabu.

Le retour n'est pas fêté avec moins d'enthousiasme. Toute la jeunesse, tant européenne que tahitienne, se porte jusqu'à *Arue* au-devant du gouverneur, où généralement a lieu la dernière Amuraa et lui forme, musique en tête et aux lueurs des torches portées par des mutoïs jusqu'à son palais, un cortège triomphal.

L'anniversaire du protectorat autrefois, l'anniversaire de l'annexion aujourd'hui, est l'occasion d'une fête, durant une semaine, à laquelle on accourt non seulement des districts de l'île, et de ceux de Moréa, mais encore des archipels circonvoisins dépendant de Tahiti. Un navire de la station locale va chercher à cet effet les visiteurs.

Certes le programme est alléchant; plus comique et plus délicieux est encore l'imprévu de ces fêtes où l'on se trouve, sans le savoir, subitement adopté pour fetii par ces bons Moréens ou Tuamotus, qui s'imposent chez vous avec tout le sans-gêne d'une hospitalité parfaitement tahitienne.

Voyez-vous se mouvoir cette foule bariolée, dont le costume affecte une couleur spéciale au district? Regardez-la circuler, la tête couverte de l'élégant chapeau de *pia* orné de fleurs et de feuillage ! Entendez-vous ces cris tumultueux, couvrant les sons du tam-tam et proclamant le nom des vainqueurs du mât de cocagne, des joutes et des régates? Rien de plus gracieux que ce dernier concours.

De jeunes et robustes Vahinés tahitiennes montent la pirogue de leur district, la chevelure parsemée de fleurs, le regard étincelant de défi, le torse s'abaissant et se relevant en cadence avec saillie des omoplates ou de la poitrine, frappant vigoureusement les flots de leur pagaie jusqu'à moucheter leur peau cuivrée d'une blanche écume, glissant sur la mer aux applaudissements frénétiques d'une foule en délire. Ah! certes quiconque a vu pareil spectacle s'explique aisément la défaite des *Tané tahitiens*, leurs rivaux, à qui tant de charmes doivent infailliblement arracher des mains la pagaie et la victoire.

Le soir au concours d'*himéné* (chant) l'équipage victorieux aspire à de nouveaux lauriers et quand le feu d'artifice tiré en pleine mer, du Chapeau-de-Fleurs, l'îlot *Motu-Uta*, aura couronné la fête, infatigable, insatiable, nos triomphatrices se livreront jusqu'au jour aux ébats de la *upa-upa* (danse).

## CHAPITRE VI

Rapports des intérêts publics et des intérêts privés.

Malgré les combats de *Fatahua* et de *Punaru*, l'île Tahiti ne s'est pas livrée mais donnée à la France. Ce résultat, d'autant plus honorable pour notre pays que son influence se substituait à celle de l'Angleterre, nous oblige tant envers les chefs qu'envers les particuliers, à des ménagements inusités en pays conquis.

Fête devant le palais du roi.

Aussi le gouvernement ne s'est-il point réservé, comme en Nouvelle-Calédonie, où il a eu à réprimer tant de révoltes sanglantes, une part des terres en vertu du droit de conquête pour le service des ventes, échanges, ou concessions.

L'œuvre de civilisation entreprise d'abord par l'Angleterre, mais sans mesure et avec un esprit des plus étroits, menaçait de compromettre à jamais l'action européenne.

Le gouvernement français, plus habile et plus humain, est parvenu, sinon à restituer à Tahiti son ancienne splendeur, au moins à sauver d'une destruction totale la race indigène. Le réseau des voies de communication a été agrandi, des débouchés commerciaux créés avec l'extérieur, une franchise relative accordée aux navires étrangers.

Ce n'est pas dans la constitution de la propriété que nous trouverons les pouvoirs publics en relation avec les intérêts privés : aux colons d'acheter, s'il leur est possible, des indigènes, les terres nécessaires à leurs exploitations.

L'administration a dû se contenter de favoriser dans la mesure de ses moyens le développement agricole, industriel et commercial des établissements des colons.

Le Tahitien, nous le savons, bien que admirablement doué par la nature au point de vue des forces physiques et musculaires, se montre réfractaire à toute espèce de labeur.

Ayant peu de besoins à satisfaire, il ne sent point la nécessité du travail.

D'ailleurs l'étranger ne refuse jamais à ses Vahinés le peu de luxe admis par leur état social.

Force était donc de faire appel à l'émigration.

Ce que nous avons dit au sujet des Néo-Hébridais

dans notre volume sur la *Nouvelle-Calédonie et les Nouvelles-Hébrides* (1) et relativement au contrôle du gouvernement dans les engagements des travailleurs pour Nouméa, nous avons à l'appliquer aux immigrants des Iles Gilbert.

Pour Papeete, un contrôle sévère assure la liberté du louage et l'empêche de dégénérer en traite véritable.

Hélas! nous le craignons, longtemps encore cette paresse des Tahitiens s'opposera à toutes les mesures prises pour sauver les débris de la race indigène, malgré d'honorables exceptions, celle de M. Paroi, par exemple, récemment nommé membre du Conseil général et l'un des citoyens les plus influents par son mérite personnel.

Comme il n'y avait aucuns changements à espérer des mœurs de l'adulte, on s'adressa à l'enfant.

Pour les missionnaires anglais, apprendre aux indigènes la lecture et l'écriture était assurer leur domination à l'aide de la Bible.

Aussi déployèrent-ils à les instruire, le même zèle que leurs rivaux en religion ont souvent montré en Europe pour maintenir l'ignorance. Il n'est donc pas étonnant que nous ayons trouvé la Bible dans toutes les mains des Tahitiens.

Nous avons dû imposer aux indigènes la connaissance de la langue française, surtout après l'annexion à la France.

Aujourd'hui chaque village est contraint d'entretenir une école communale *Haapiiraa*, et nous voyons figurer avec plaisir parmi les instituteurs bon nombre de naturels.

---

(1) Voir la *Nouvelle-Calédonie et les Nouvelles-Hébrides.*

Suivant un procédé qui semble être passé en coutume dans les colonies francaises, les membres enseignants appartiennent presque tous à des congrégations tant catholiques que protestantes.

On peut observer qu'à Tahiti, ce procédé devenait presque obligatoire pour arracher les indigènes à l'influence des RR. anglais.

Comme en France, l'instruction est à Tahiti gratuite et obligatoire.

La Société nouvellement fondée à Paris pour la propagation de la langue, nous avons nommé l'*Alliance française*, trouverait encore à exercer son œuvre bienfaisante en Polynésie, car jusqu'ici les indigènes préfèrent parler la langue maorie ou anglaise largement répandue.

De nombreux emplois officiels ou privés attendent nos jeunes écoliers, ils deviennent missionnaires, instituteurs, interprètes, pilotes, petits négociants, employés de commerce, etc. Grâce à l'œuvre des apprentis, sous le patronage du R. P. Collette, curé de Papeete, l'élément masculin fournit à la colonie des maçons, des menuisiers, des charpentiers, etc.; l'élément féminin des couturières, des blanchisseuses. Le R. P. Collette, originaire de la Chapelle du Pont Flambard, dans le diocèse de Coutances, et depuis une trentaine d'années curé de Papeete, a su par les charmes d'un esprit large et sympathique envers tous, maintenir et accroître même, dans les circonstances critiques, le prestige de la France.

Afin d'assurer la réparation et l'outillage des navires, le gouvernement a créé à Papeete l'arsenal maritime de *Fareuté*, une cale de halage, sorte de plan incliné, reçoit le navire halé à la sortie des flots à l'aide d'un cabestan, de manière à en permettre une minutieuse inspection et la réparation des avaries avant de le laisser à nouveau glisser sur la mer.

La cale de halage ne pouvant recevoir que des navires d'un tonnage faible, un quai dit d'abatage y supplée : une fois le navire amarré au rivage, on l'attire sur la grève et déplaçant les gueuses de saumons servant de lest, on le couche sur le flanc, jusqu'à ce qu'il soit en état de reprendre sa course.

Cale de halage et quai d'abatage doivent être dans peu d'années remplacées par un bassin de radoub.

La direction de l'arsenal est également chargée du service du port, des phares, du service du pilotage et du sémaphore.

Le service des ponts et chaussées, confié aux mains d'un ingénieur colonial des ponts et chaussées, perfectionnant l'œuvre de Pomaré II, mais sans faire servir à la réfection des routes la rémission des péchés, assure aux colons de l'intérieur un accès facile vers les centres commerciaux et les ports d'embarquement. Il existe même un service de voitures publiques entre Papeete et Papeuriri.

La poste entre la métropole et Tahiti se fait par la voie d'Amérique, à l'aide de goélettes à voiles ; cela est d'autant plus regrettable qu'avec un service à vapeur, le trajet se trouverait considérablement abrégé et par suite, les relations deviendraient plus fréquentes. Le départ a lieu de San-Francisco le 1er de chaque mois et de Papeete, du 12 au 15 ; à l'aller le courrier s'arrête à Nuka-Hiva (îles Marquises); le retour s'opère directement.

Le prolongement du service des Messageries Nationales, qui a son terminus à Nouméa, a été demandé à plusieurs reprises jusqu'à Tahiti. Ce rattachement de nos deux colonies océaniennes serait, en effet, très favorable à nos intérêts coloniaux, mais aussi très coûteux. Pour y remédier, la Chambre de commerce de Papeete vient de prendre (mai 1886) la résolution suivante : la colonie alloue 200,000 francs à une ligne à vapeur entre la Nouvelle-Zélande et San-Francisco avec annexe de la Nouvelle-Zélande à la Nouvelle-Calédonie. Tahiti sera le point intermédiaire entre la Nouvelle-Zélande et San-Francisco à l'aller comme au retour, avec départ mensuel. Le service annexe de la Nouvelle-Zélande à la Nouvelle-Calédonie s'effectuera tous les deux mois.

Le service postal est assuré entre les Tuamotu, les Marquises et Tahiti par un bateau faisant une tournée régulière de quarante-cinq jours.

Entre Tahiti et Moréa, la correspondance est faite tous les samedis, pour l'aller comme pour le retour.

Le service postal intérieur est fait à l'ouest jusqu'à Mataiea, par les voitures publiques et dans le reste de l'île par les mutoïs à pied ou à cheval.

On arrive à Tahiti en quarante, quarante-cinq jours, par la voie Havre-New-York, San-Francisco, les Marquises (Nuka-Hiva) et Papeete, et si, charmé par un voyage aussi agréable, on désire faire le tour du monde, on peut gagner par la Nouvelle-Zélande, la Nouvelle-Calédonie, l'Australie, Sidney, Melbourne, Adelaïde, Albany, Maurice, la Réunion, Mahé, Aden, Suez, Marseille.

Reconnaissants envers la France de tous ces bienfaits, les indigènes se sont assez facilement pliés aux exigences du service financier.

Nos impôts, plus légers que ceux qui les accablaient

sous l'ancien régime anglo-pomareen, sont perçus sans conteste.

Si parfois les circonstances ont exigé un budget plus considérable, affecté aux services locaux, pour l'achèvement du palais du roi par exemple, les indigènes ont payé la surtaxe sans murmure. Quant aux prestations en nature, vivres, services dans les Amuraa royaux, ils s'y sont toujours prêtés avec joie et avec empressement.

Afin d'assurer les rapports des Tahitiens et des colons entre eux, et aussi afin d'imposer une certaine réserve aux mœurs du pays, le gouvernement a institué, outre la gendarmerie et la police européenne, une police indigène, les mutoïs.

Ces mutoïs se divisent en cavaliers d'escorte et en gardiens de la paix publique.

Les premiers accompagnent le roi et le gouverneur, sont chargés du transport de la correspondance, les seconds exercent la police urbaine à l'égard des indigènes.

Rien de plus curieux et de plus comique parfois que les scènes auxquelles donne lieu l'arrestation pour ivresse ou scandale sur la voie publique.

Tout indigène emmené à la *Calabousse* (violon) n'est relâché qu'après avoir payé une amende de 10 francs, ou s'être acquitté, envers la direction des ponts et chaussées, d'une corvée correspondante.

Toute vahiné arrêtée, si elle ne peut payer l'amende, doit en punition de sa faute une corvée de balayage. Pauvres chères Vahinés!... la honte de se voir en si piètre équipage les pousse à se cacher la face sous des monceaux de feuillages. Songez donc, si leur tané-farani (mari français) allait les reconnaître, adieu le Mafatu-iti (Petit Cœur).

Tahitiens

Aussi ne s'expose-t-on pas facilement à un semblable affront, à moins d'avoir toute honte bue comme les vieilles et incorrigibles bacchantes, dont les mauvais instincts étaient si soigneusement entretenus par le rhum des RR. anglais.

Pour porter à la connaissance de tous les divers arrêtés et règlements émanés du gouvernement, une imprimerie officielle a été créée et publie toutes les semaines un journal français et tahitien, destiné tant à la manifestation de l'opinion publique qu'à favoriser les relations de la colonie avec l'extérieur (1).

## CHAPITRE VII

Type. — Caractère. — Mœurs. — Coutumes. — Religion. — Maladies. — Fêtes. — Danses. — Chants (hyménées).

La race tahitienne, expression la plus affinée du rameau *Malayo-Polynésien* est belle entre toutes. Elle possède la souplesse, la force, l'agilité; aussi ne doit-on pas s'étonner outre mesure des ébauches de sa civilisation, de l'intelligence de ses membres et de leur aptitude particulière pour les exercices physiques, notamment pour l'art de la navigation.

Le teint des Maoris tire généralement sur le blanc, mais varie cependant entre la couleur chocolat et la couleur olivâtre des Portugais.

Le sang blanc s'accuse plus particulièrement chez les principaux chefs, moins sujets aux mésalliances, ce qui

(1) Récemment vient de paraître un journal, le *Messager de Tahiti* (*Vea no Tahiti*), dû à l'initiative privée. Nos vœux à cette tentative décentralisatrice.

semble une nouvelle preuve de leur origine malaisienne.

En 1767, Wallis trouva à Matavai des chefs presque blancs et à chevelure rousse.

En s'écartant de son berceau, l'émigration malaise ne pouvant plus se retremper, ni au foyer de la race jaune, ni au foyer de la race noire, abandonna de plus en plus ces deux derniers éléments. Nous ne trouverons donc dans le type polynésien ni le caractère du nègre ni ceux du Mongol.

Chez les Maori, le crâne est renflé au niveau des bosses pariétales, la crête médiane affecte la forme d'une carène, la chevelure noire, fine, parfois bouclée mais non laineuse, ombrage un front bombé et des yeux légèrement obliques, toujours très grands. Des pommettes faiblement saillantes, un nez quelquefois épaté, une bouche large, des lèvres sensuelles, des dents fort belles, un menton peu accusé, couvert d'une barbe rare et mal fournie, un cou long, des extrémités petites, une taille élevée, élancée, mais souvent gâtée par une obésité précoce, achèvent le portrait, le tout formant un ensemble des plus imposants et des plus séducteurs par la douceur de la physionomie et la grâce du maintien.

*Caractère.* — Cette douceur avait longtemps avant la découverte fait abolir l'anthropophagie à Tahiti, si jamais elle y fut pratiquée, ce dont s'est toujours défendu la Reine Pomaré.

D'un caractère devenu pacifique, mais autrefois belliqueux, joueur et capricieux, riant, pleurant et boudant sans raison, les Tahitiens sont de véritables enfants. Le contact des Européens n'a pu modifier leur légèreté.

S'ils ne sont plus aussi voleurs qu'au temps de Wallis

et de Cook, ils ont conservé le même amour de tout ce qui brille.

L'esprit de contemplation est extraordinairement développé chez eux, ils sont très sensibles aux aspects gais ou tristes de la nature, et accessibles à toutes les rêveries de l'imagination. Mais le trait principal de leur caractère, c'est la superstition : la solitude des forêts, l'obscurité de la nuit les effrayent, partout ils voient des *Tupapau* (esprits).

En somme, ils manquent d'énergie; le moindre chagrin les abat, mais le sourire un instant après renaît sur leurs lèvres. Très sensibles à l'objet présent, ils ne tardent pas à l'oublier.

Leurs peines sont courtes et vives, leur gaieté folle, mais ils sont trop aimants du plaisir pour s'abandonner à la sensibilité.

Maint voyageur a tenu en plus haute estime la beauté majestueuse du Tahitien que les charmes langoureux de la tahitienne et cependant quelle séduction ne se dégage-t-il pas des yeux noirs de la Vahiné au regard velouté. N'est-ce point là ce teint cuivré que nous envions aux bohémiennes ?

Si la bouche paraît un peu grande, les lèvres un peu grosses, l'une renferme un si splendide écrin de dents éclatantes, les autres sont d'un éclat si vif que ces défauts légers se transforment en une beauté nouvelle. Les bras sont parfaits dans leur rondeur, les jolies mains longues et potelées siéraient bien à quelque duchesse.

Pourquoi faut-il qu'un stupide préjugé, reste des vieilles mœurs, vienne parfois encore empâter tant de grâces? Autrefois, en effet, pour ajouter à ces charmes naturels celui d'une obésité factice, le Tahitien nourrissait la Vahine de *Popoï*, de fruits, de bananes, etc., lui interdisait tout exercice autre que le bain.

*Enfants*. — On comprend facilement que de l'union d'êtres aussi beaux, aussi forts que le tané et la vahiné, résulte une fourmilière de rejetons robustes et superbes. Ils possèdent, même à nos yeux, un complément de beauté inconnue à la génération contemporaine, nous voulons dire la régularité d'un nez à peu près aquilin. Ignorant l'ancienne habitude tahitienne d'écraser le cartilage du nez aux nourrissons, certains voyageurs ont considéré, mais à tort, l'aplatissement de cet organe comme un des caractères de la race maorie.

L'enfant, même de nos jours, appartient rarement à ses propres parents; peut-être la fréquence de l'adoption se rattache-t-elle à la doctrine des Arioïs qui, ne pouvant conserver leur progéniture, tenaient cependant à jouir des privilèges de la paternité. Entre le Metua naturel et le Metua Faaamu (1) s'opère un échange incessant d'enfants à la mamelle; souvent même l'adoption précède la naissance et toujours elle fait naître entre l'ancienne et la nouvelle famille une sorte de liens de parenté. Cet échange traditionnel des enfants semble être une des originalités la plus connue des mœurs polynésiennes.

Sauf en ce qui concernait les fils de princes dont nous avons vu la situation analogue à celle d'un mariage morganatique en Europe, l'illégitimité, loin d'être comme chez nous une tache et une cause de vexations, emportait chez les Tahitiens honneurs et profits.

Bien entendu, il ne faudrait pas demander aux enfants cette affection, ce respect dont on entoure les

---

(1) *Metua Faaamu*, père adoptif.

parents, là où la société a resserré plus étroitement les liens de la famille ; il en résulte que l'autorité paternelle morale est nulle et nulle aussi la piété filiale.

Le jeune Tahitien et la jeune Tahitienne croissent à la merci du climat et des circonstances. Heureux si quelque affection précoce vient rassurer les auteurs de leurs jours contre les chances hasardeuses d'un libertinage passé à l'état de coutume.

*Langue*. — Dans nos considérations préliminaires, nous avons annoncé que tous les Polynésiens sortaient d'une même race, nous en trouvons une preuve éclatante dans l'étude des dialectes en usage aux archipels formant la Polynésie.

La langue maorie a cinq voyelles : *a e i o u*, et neuf consonnes : *g h* ou *s k*, *m n p r* ou *l t v*. On trouve encore *f* ou *w*.

Règles générales : 1° jamais un mot maori ne finit par une consonne ; 2° jamais il n'admet deux consonnes de suite ; 3° toutes les lettres qui le composent se prononcent. Donc *n g* ou *w h* sont des fautes d'orthographe. Cette langue quoique moins perfectionnée que la langue grecque, la rappelle à certains égards, tant par l'élégance et l'accentuation que par ses formes particulières.

Ainsi Grecs et Maoris distinguent outre le singulier et le pluriel, le duel, le maori possède même deux formes de duel.

Comme en anglais, les mots n'ont pas de genre et si l'on veut leur en prêter un, il faut ajouter *tane* (époux), pour le masculin, *vahiné* (épouse), pour le féminin parlant de l'espèce humaine, et *ani* (mâle), et *ufa* (femelle), s'il s'agit d'animaux ; *otane*, *ovahiné*, après ceux des plantes ; quelques exceptions ne servent qu'à confirmer la règle.

Comme en français, le substantif n'a pas de déclinaison et les particules *te, no te, ite,* comme en français et en allemand, remplacent les terminaisons des cas. Le pluriel se forme en plaçant *man* après l'article *te* et devant le mot qu'il détermine. Parfois il se forme aussi par un redoublement de la racine à la façon des verbes fréquentatifs grecs et latins, mais qui ne s'exerce que sur les substantifs. Exemple, *Eraau rahi,* un grand arbre, et *Eraau rarahi,* de grands arbres.

Les verbes tahitiens sont actifs, passifs et neutres ; de plus ils possèdent un causatif. Exemple, *ite* (savoir), *faa-ité* (faire, savoir), *ite hia* (su), et *faa ite hia* (mettre en état d'être su). Le causatif s'indique par les préfixes *faa, haa,* ou *ta,* le passif se forme par l'adjonction de la désinance *hia oua,* et le passif causatif sera formé du radical précédé de la préfixe *faa, haa,* ou *ta* et suivie de *hia*.

Les verbes neutres mêmes se transforment en causatif actif et en causatif passif par la même voie. Exemple : *mate* (mort), *haa mate* (occasionner la mort), et *haa mate hia* (être amené à l'état de mort).

Les verbes ont trois personnes au singulier, trois au pluriel et quatre au duel.

Ils comportent les modes suivants : *Parau* (racine parole), *te parau nei* (parler ici), *a parau* (parler ou parlé), *ahiri parau, e parau au ahiri* (si j'avais quelque chose à dire je parlerais). Ainsi, une sorte d'infinitif local, un infinitif ordinaire, un participe local et un conditionnel présent.

L'agencement de cette conjugaison ne vaut certainement pas le jeu des aoristes premiers ou seconds et les différents modes du verbe grec, mais il ne manque cependant point d'originalité. Il y a quatre

Femmes tahitiennes de l'intérieur.

temps : le présent, l'imparfait, le parfait et le futur.

Ces quatre temps ont pour caractéristique, le présent, la particule préfixe et la modification *nei*, qu'on place toujours entre le verbe et le pronom, l'imparfait *fe* au lieu de *te* et *ra* au lieu de *nei;* le parfait *i* au lieu de *te* et *na* au lieu de *nei;* le futur se contente de la préfixe *e* au lieu de la préfixe *te*. Telles sont les formes substantielles de la langue maorie.

Les divers dialectes se distinguent par une sorte d'adoucissement chez les habitants de Tahiti et de Tonga, que l'on peut regarder comme les Ioniens de la Polynésie, et au contraire par des accents gutturaux à la façon des Doriens chez les peuples anthropophages et belliqueux de la Nouvelle-Zélande et des néo-civilisés des îles Sandwich. Exemple : *Kamaka*, aux îles Sandwich et aux îles Marquises ; *Tangata* (avec *g* aspiré), à Tonga-Tabou ; *Taata*, aux îles de la Société.

Sonore autant que l'ancien celtique, plus sonore que l'espagnol moderne, le *Maori* se prête admirablement à la poésie et à l'éloquence.

Aussi, orateurs et poètes abondent-ils même de nos jours, dans toute la Polynésie. Un seul exemple nous montrera à quel degré de splendeur sont parvenus à Tahiti ces deux formes de la littérature. Voici l'exorde du discours prononcé par le chef Tati (1), ému des troubles qu'avait fomentés la reine Pomaré.

« Quoi ! elle-même veut reprendre ces lances encore fumantes du sang de nos pères ; mais que la nouvelle religion qu'elle veut détruire enterra dans le tombeau de l'oubli ! Ne craint-elle qu'indignées les ombres de

(1) *Tati*, d'origine royale, mais d'une branche aînée par rapport à celle des *Pomaré*, auxquels il s'était rallié par amour de la patrie, oubliant le meurtre de son père.

nos aïeux ne sortent du séjour obscur pour nous reprocher que leur mort n'a pas été vengée. » Ne croirait-on pas entendre Démosthène tonnant contre Philippe?

Nous empruntons à M. Moerenhout, dont le lecteur connaît les profondes recherches sur la langue et les coutumes polynésiennes, une élégie tirée d'une scène appartenant au théâtre des Arioïs.

### PLAINTE DE JEUNES FILLES.

#### PREMIÈRE.

« Vous, légères brises du sud et de l'est, qui vous joignez pour vous jouer et vous caresser au dessus de ma tête! hâtez-vous de courir ensemble à l'autre île; vous y verrez celui qui m'a abandonnée, assis à l'ombre de son arbre favori. Dites-lui que vous m'avez vue en pleurs, à cause de son absence. »

#### DEUXIÈME.

« C'est ici, c'est à cette pointe qui s'allonge dans la mer, que celui qui m'a abandonnée me promit son amour. O mes jeunes compagnes qui voyez mes pleurs! aidez-moi à ramasser des herbes marines, je veux lui en former des chaînes s'il revient en ces lieux. »

Homère et les classiques grecs ont-ils jamais chanté sur un mode plus tendre et plus doux?

*Numération.* — Mais c'est surtout par son progrès dans l'arithmétique que se distingue entre les peuples incivilisés le peuple tahitien.

Dans notre dernier ouvrage (1) nous avons vu les Kanacks de la Nouvelle-Calédonie en s'aidant de la numération digitale des pieds et des mains, compter par vingt jusqu'à un nombre fort limité, quatre cents environ.

Nous trouverons un mode à peu près semblable aux îles Marquises, mais, de toute l'antiquité, les Tahitiens pouvaient compter au delà de plusieurs millions et, chose étrange, ils avaient inventé le système décimal bien avant nous.

*Astronomie. Division du temps.* — Au point de vue scientifique, les Tahitiens s'étaient élevés à un degré bien supérieur à celui des autres sauvages et surtout des Kanacks mélanésiens. Ils avaient de réelles notions en astronomie, qui leur permettaient, sans autre boussole que le soleil le jour, et les étoiles la nuit, de faire des expéditions maritimes lointaines et dangereuses.

Comme les anciens Gaulois et les anciens Germains, ils comptaient par lunes; bien qu'ils eussent une idée vague de l'année solaire qu'ils appelaient *Mataiti* et divisaient en deux parts, l'*Aroua-roua* (été) et l'*Arouaoto* (hiver) quant à l'année lunaire, elle comprenait, outre deux divisions *mata rü inia* (figure de roi) ou temps des pleiades élevées, et *mata rü iraro* (ou temps des pléiades basses), trois saisons : *Tetaa* (allant de mi-février à mi-juin), *Tetaie poui* (juillet à novembre), *Tetaie miti rai* (novembre à février).

Ils n'avaient pas conçu l'idée de la semaine, mais ils avaient inventé le mois qui se composait de trente jours.

(1) *La Nouvelle-Calédonie et les Nouvelles-Hébrides.*

Chaque nuit de la lune portait un nom spécial. Si les Tahitiens possédaient une nomenclature rappelant messidor, fructidor, etc., ils n'avaient point la décade républicaine, leurs semaines se confondaient avec le mois.

Quant à la division diurne, ils n'employaient pas encore la subdivision horaire et ne distinguaient que cinq périodes du jour : *Popoa oa*, le point du jour ; *avatea*, midi ; *tapé raa mahana*, l'après-midi ; *dai ai*, le coucher du soleil et *votoitepo*, minuit.

*Sciences physiques et naturelles.* — Nous parlerons à peine des sciences physiques, il est évident que chez un peuple qui attribuait aux Tupapau tout incident imprévu, la physique et la chimie n'avaient pas dû faire de grands progrès.

En revanche, la médecine et plus particulièrement la chirurgie et la botanique médicale ne le cédaient guère à la science européenne à la fin du xviii° siècle.

D'ailleurs ce groupe malais débarrassé de l'élément négroïde et de l'élément jaune n'était guère sujet qu'aux maladies affaiblies de ses principes constitutifs (blancs, jaunes, noirs) et il y avait si longtemps qu'il s'était éloigné du principe dominant (race blanche) qu'il n'en avait conservé que les qualités les plus vivaces.

Le climat de Tahiti se prêtait admirablement à une longévité biblique ; nulle part la vie ne s'offrait à meilleur marché, par suite de la fécondité du sol ; nulle part la température ne se montrait aussi clémente ; nulle part un air plus sain et plus pur ne dilatait les poumons d'une race plus musculeuse et plus athlétique.

Hélas ! combien s'est assombri un si riant tableau ; les blancs dégénérés ont emporté dans cet Eden avec la civilisation les maladies de leur décrépitude. L'acclimatation de la race maorie n'a pu s'opérer en un jour, et cette race infortunée n'a fait que dépérir. Espérons qu'avec les survivants plus ou moins infectés de nos virus morbides, ayant subi une sorte de dégénérescence hâtive ou plutôt encore avec les métis acclimatés, nous pourrons reconstituer un type qui rappellera celui des anciens jours. Il semble que l'arrivée de l'Européen ayant changé la proportion existante entre les éléments blancs, noirs ou jaunes, ait désagrégé le mélange polynésien, race artificielle qui pouvait être appelée à de grandes destinées.

*Maladies.* — De la race blanche, les Polynésiens tenaient la propension aux rhumatismes, mais, comme un travail excessif n'aiguise jamais la douleur, des frictions habilement pratiquées et un massage intelligent en ont promptement raison.

De l'élément noir ils tiennent l'éléphantiasis (*féfé*); de la race jaune, ils avaient conservé jusqu'à la découverte une immunité qui lui est spéciale contre la phtisie, mais cette immunité disparue, la désagrégation du type polynésien semble avoir eu pour premier effet de rendre à cette fatale maladie toute sa nocuité. Bien plus, elle paraît l'avoir exaspérée, car là où l'on rencontrait tant de centenaires, la phtisie moissonne aujourd'hui sans distinction de sexe la fleur de la jeunesse. Nous avons, avec la reine Pomaré, pleuré la presque totale extinction de sa famille victime de la tuberculose.

Heureusement la période d'acclimatation touche à sa fin, car d'après les divers recensements, la population indigène de Tahiti reste stationnaire avec faible tendance à l'accroissement.

Il n'est pas étonnant de voir enfants et adolescents profitant des ombres du soir courir se baigner au ruisseau le plus proche.

La nature a placé dans les environs de Papeete un grand nombre de petits bassins qu'on dirait faits exprès par la main des hommes pour les usages du bain. Ce sont, en effet, des baignoires naturelles agrémentées de bouquets odorants et de bruyantes cascades.

Les bains nocturnes sont en honneur à Tahiti. Au contraire des Néo-Caledoniens et de presque tous les Mélanésiens, les Tahitiens préfèrent l'eau douce.

*Religion.* — Thucydide parlant des anciens Grecs nous les montre se livrant à l'anthropophagie et à la piraterie, Homère, Hésiode, nous font assister à l'enfantement de la civilisation hellénique : en lisant les légendes tahitiennes, on croirait parcourir leurs ouvrages. Même panthéisme, même personnalité des dieux inférieurs, même divinisation des forces de la nature.

C'est la *Cité antique* à la main (cette œuvre capitale de M. Fustel de Coulanges) qu'il faut descendre dans les organes de l'antique civilisation tahitienne.

Nous allons offrir au lecteur le moyen de s'en convaincre lui-même, et, peut-être déplorera-t-il comme nous, au point de vue ethnographique, le brusque arrêt d'une civilisation en pleine efflorescence et qui n'a pu nous donner les fruits que promettait son incomparable splendeur.

Toute idée religieuse à part, la genèse grecque, la genèse hébraïque elle-même, dépassent-elles en simplicité, en naturel, en énergie, cette genèse tahitienne?

« Il était, Taaroa(1) était son nom ; il se tenait dans

---

(1) *Taa,* étendu ; *roa,* très (très étendu, Dieu créateur).

Fête de distribution *amuraa*.

le vide, point de terre, point de ciel, point d'hommes, Taaroa appelle, il appelle à l'est, rien ne répond; il appelle au nord, rien ne répond; il appelle à l'ouest, rien ne répond; il appelle au sud, rien ne répond; et seul existant, il se changea en univers. Les pivots sont Taaroa, les rochers sont Taaroa, les sables sont Taaroa, c'est ainsi que lui-même s'est nommé. Taaroa est la clarté, il est le germe, il est la base, il est l'incorruptible, le fort qui créa l'Univers, l'Univers grand et sacré qui n'est que la coquille de Taaroa. C'est lui qui le met en mouvement et en fait l'harmonie. »

*Création.* — « Vous pivots, vous rochers, vous sables ! Nous sommes... Venez vous qui devez former cette terre, il les presse, les presse encore, mais ces matières ne veulent pas s'unir. Alors de sa main droite, il lance les sept cieux pour en former la première face et la lumière est créée et l'obscurité n'existe plus. Tout se voit, l'intérieur de l'Univers brille, le dieu reste ravi, en extase à la vue de l'immensité, l'immobilité a cessé, le mouvement existe. La fonction des messagers est remplie, le Créateur remplit sa mission. Les pivots sont fixés, les rochers sont en place, les sables sont posés, les cieux tournent, les cieux se sont élevés, la mer remplit ses profondeurs, l'Univers est créé.

« Taaroa dormait avec la femme qui se nommait Déesse du dedans (de la Terre). D'eux est né le premier germe, est né ensuite tout ce qui croît à la surface de la terre, est né ensuite le brouillard des montagnes, est né ensuite celui qui se nomme le fort ou le brave, est née ensuite celle qui se nomme la belle ou l'ornée pour plaire.

« Taaroa dormait avec le féminin qui se nomme déesse de l'air, est né d'eux, ce que l'on nomme l'arcen-ciel, est né ensuite ce que l'on nomme la lune, sont nés ensuite les nuages rouges, la pluie rouge.

« Taaroa dormait avec le féminin qu'on nomme déesse du dedans du sein de la Terre, est né d'eux ce qu'on nomme esprit souterrain. »

Suit la naissance des dieux dont la nomenclature intéresserait peu le lecteur du moins dans l'état actuel de la philologie tahitienne qui ne nous permet pas de saisir les attributs contenus dans leurs noms mystiques et intraduisibles. Et la légende se termine par ces mots : « et la source de ces esprits est dans le lieu d'où sont envoyés les messagers. »

*Éternité de la matière.* — « Hina (une déesse) disait à Fatou (un dieu) : faites revenir l'homme après sa mort. Fatou répond : non, je ne le ferai point revivre, la terre mourra, la végétation mourra, elle mourra ainsi que les hommes qui s'en nourrissent, le sol qui les produit mourra, la terre finira, elle finira pour ne plus renaître. Hina répond : faites comme vous voudrez, moi je ferai revivre la lune et ce que possédait Hina continue d'être et ce que possédait Fatou périt, et l'homme dut mourir. »

*Divinités.* — Cette genèse est remarquable encore par le caractère de ses dieux : les Atouas, dieux supérieurs présidant à toutes les actions des hommes, mais sans en juger la moralité. Ces Atouas se divisent en Atouas nationaux ou supérieurs et Atouas inférieurs ou dieux des familles.

Nous citerons parmi les dieux, Panoua leur Esculape, et Oro, le Mars tahitien ; Hiro dont nous avons déjà eu l'occasion de parler et qui jouait le rôle de Mercure, mais d'un Mercure qui serait à la fois un Hercule ; Mahoui, un Josué et Apollon qui pêche la terre à l'hameçon, l'arrête, la dirige, arrête aussi le soleil et en règle le cours de manière à faire naître sur le globe la fertilité et le bonheur.

A côté de cet Olympe, nous trouverons sur la terre des Atouas inférieurs analogues aux Oréades, Naïades, Dryades, Sylvains et Faunes des Grecs.

Parfois les dieux revêtaient la forme humaine et les dieux la forme animale, de là croyance à une sorte de métempsycose.

Comme nous avons vu tout à l'heure les dieux se diviser en olympiens et en terrestres, nous allons voir une seconde catégorie de dieux : les Oromatouas, dieux domestiques ou dieux lares, absolument identiques aux dieux mânes, lares et pénates des Latins. Enfin au bas de l'échelle théogonique, les Tiis, fils de Taaroa et de Hina, la lune, intermédiaires entre le verbe et la chair, l'esprit et l'être, presque des anges.

*Culte.* — « *Jupiter est quodcumque vides* », Jupiter est tout ce que tu vois, s'écrie Lucrèce à la suite d'Épicure! ainsi parle le voyant Polynésien qui regardait Taaroa comme étranger à l'univers après sa création. Point de culte pour ce dieu égoïste, en revanche partout s'élèvent des *Maraé* (1) soit nationaux, soit féodaux, en l'honneur des divinités moindres mais intimement mêlées aux actes des hommes.

Le Maraé consistait en un parallélogramme terminé à l'une de ses extrémités par une pyramide de pierre entourée d'arbres sacrés, le Tamanu, le Miro, l'Aïto. Une espèce de plate-forme en bois, montée sur quatre pieds formait le Fata ou autel; là on offrait la victime, ou on déposait le cadavre des chefs, mais dans ce cas,

---

(1) *Maraé*, temple païen.

une légère toiture le protégeait contre les intempéries.

Dans le Maraé, çà et là, se dressaient grossièrement taillées, les *Toos* ou images des Atouas, et à l'extérieur, la statue mieux travaillée des *Tiis* veillait en sentinelle.

Aucun peuple, pas même le peuple romain, ne se montre plus formaliste dans sa religion, et n'accorda aux dieux et à leurs ministres une importance plus considérable que le peuple tahitien.

Paix ou guerre, rien des actes politiques et civils n'échappait à leur entremise.

La personne des prêtres *Faaoua-Pouré* était sacrée, l'autorité sacerdodale héréditaire; leur pouvoir allait jusqu'au droit de vie et de mort. Ils étaient les gardiens des légendes, les bardes, les historiens de la nation.

A côté des ordres supérieurs vivaient des ordres mineurs *Amoi-toa, Pouré opounoui,* sortes de diacres et sacristains.

Supérieurs aux simples serviteurs de la divinité, les prêtres, parfois un prophète, sortaient de la foule et se donnaient comme interprètes des dieux.

Au-dessous des thaumaturges, prophètes, interprètes des Atouas se glissaient dans la foule qu'ils exploitaient, les inspirés des Tiis, représentant les divinités inférieures, il se contentaient du rôle d'exorcistes et de sorciers.

Enfin une sorte de corporation religieuse analogue aux prêtres de Cybèle, ayant une initiation mystérieuse, comme à Eleusis, recrutée parmi la fleur de l'aristocratie tahitienne, doit appeler notre attention d'une façon toute particulière par le rôle considérable que leur franc-maçonnerie a joué dans la splendeur et la décrépitude de la race polynésienne. Nous voulons parler de l'association des *Ariois* sectateurs d'Oro.

Le créateur de cette société fut, dit-on, Mahi, qui prit pour emblème le cochon sacré (*Bouaa-Arioi*), et divisa la Société en douze loges, c'est-à-dire entre Tahiti et et les onze îles environnantes.

Chaque loge était présidée par un chef nommé à l'élection et placé à la tête d'une hiérarchie dont chaque grade était le prix du mérite comme orateur, chanteur ou poëte. La variété du tatouage distinguait les sept grades, et formait une espèce d'armorial qui semble nous donner la clef de la coutume du tatouage en Polynésie. Pour ces hommes nus, le tatouage dut valoir un écusson, la foule progressivement s'en empara par imitation, et ce signe particulier d'abord devint un atour parce que, dans l'esprit du public, il représentait une supériorité.

Nous laisserions de côté les cérémonies de l'initiation, si elles ne se terminaient par le serment du néophyte de détruire ses enfants à naître.

On s'est plu à expliquer cette cruauté, en prêtant aux Ariois un malthusianisme pratique. Cette explication, admissible au temps où Tahiti regorgeait de population, nous semble dérisoire quand la population est tombée à moins de seize mille âmes.

N'y faut-il pas voir plutôt une protestation égalitaire contre une Société dont l'hérédité était la loi ? Cela ne résulte-t-il point de la constitution hiérarchique obtenue par une sorte de concours et à l'élection ? Ces Ariois semblent être à la fois prêtres et séculiers comme jadis les bardes et les scaldes, troubadours, trouvères et ménestrels, mais, avant tout ils étaient francs-maçons !

Revenons aux moyens de communications entre les hommes et les dieux.

Pour gagner la faveur divine, on avait recours aux prières et aux offrandes, et parfois ces offrandes consistaient en victimes humaines. Doux jusque dans l'horreur de ces sacrifices, les Tahitiens tuaient à l'improviste ceux qu'avait réclamé la divinité. A l'époque où l'anthropophagie régnait encore dans la Polynésie, ces victimes fournissaient aux prêtres et au peuple un abondant repas, l'œil était le morceau du chef, d'où ce nom, Aimata(1), porté par plusieurs personnes de souche royale. Les dieux répondaient aux mortels, soit par l'inspiration des ministres, soit par des songes, soit par des augures tirés du sifflement du vent, du cri des oiseaux, etc.

Ces cérémonies religieuses étaient particulièrement célébrées à l'époque des fêtes trimestrielles correspondant aux saisons et aux occupations qu'elles amènent.

Outre ces fêtes officielles, qui duraient plusieurs jours et qui étaient célébrées avec tout l'éclat et la solennité possible, il en était d'autres que motivait la paix ou la guerre et les événements de la famille.

Depuis 1819, époque à laquelle Pomaré II, abjurant le paganisme, reçut le baptême, les *Maraé* ont perdu tout prestige ; on en rencontre encore à chaque pas sur son chemin, mais le culte païen ne les arrose plus du sang des victimes.

La vieille religion tahitienne est bien morte, est-ce un résultat heureux pour l'avenir de la race ? nous ne nous permettrons pas de trancher la question !

Souvent nous avons constaté que les changements de religion trop brusques entraînaient le désemparement des sociétés qui, trop faibles pour s'élever aux

---

(1) *Ai*, manger ; *mata*, yeux.

Chœur ou *hymené* d'un district de Tahiti.

conceptions d'une civilisation plus avancée, perdaient à la fois leur direction ancienne sans pouvoir en acquérir une nouvelle. Dès lors, tout marche à la dérive, l'existence est sans but, la liberté morte, la nation dépérit, n'empruntant aux étrangers que leurs vices, et c'est à peine si quelques familles échappées, comme par miracle, à ce déluge de croyances viennent à bout de rendre à la race une force factice et de prolonger par le métissage sa décrépitude.

Certes, une direction intelligente qui aurait non pas détruit, mais transformé la religion nationale, pourrait sauver les restes d'un grand peuple. Noble était cette œuvre, toute de charité, mais combien peu convenait-elle au mercantilisme formaliste des missionnaires protestants anglais !... La mission catholique française, qui a repris en sous-œuvre cet apostolat, parviendra, nous l'espérons, à force de douceur, à panser les plaies faites à la race tahitienne par le Code mercanti-politico-religieux imposé par les Pomaré, alors que pour le malheur de leur pays, ils s'inspiraient des idées anglaises.

La mission protestante anglaise remonte à 1797, tandis que les premiers missionnaires catholiques français ne parurent à Tahiti qu'en 1836.

L'antagonisme des deux cultes chrétiens ne tarda point à éclater, jetant un nouveau trouble dans la malheureuse population qu'ils se disputaient. Il fallut bientôt régler les rapports entre les églises protestantes et les églises catholiques, placées, elles, sous la protection de la France. En 1851 et 1852, intervinrent des règlements locaux sur le libre exercice du culte.

Nous avons parlé ailleurs de Pritchard et de ses acolytes, l'animosité de leur conduite pourrait servir de mesure à leur esprit de charité.

Dès qu'ils virent les indigènes échapper à leur influence, ayant vite calculé la peine et le profit, ils se hâtèrent de déserter.

En 1863, deux pasteurs protestants français sont venus offrir leurs services, conformément aux vœux exprimés en 1860 par l'assemblée législative des États du protectorat.

Un essai de mormonisme, en 1851, avait été sévèrement réprimé par le commandant Bonnard.

L'évangélisation des habitants de toutes les îles de la Polynésie, pour le culte catholique, avait été confiée à la congrégation des révérends pères de la Société de Jésus et de Marie, dite de Picpus. Deux vicariats apostoliques existent en Polynésie, l'un à Taiohaé (*Nukahiva*), l'autre à Papeete; ce dernier comprend Tahiti, les archipels de Mangareva, des Tuamotus, des Tubuaï.

Pour le culte protestant, une loi tahitienne du 18 mars 1851 a fixé à un, par district, le nombre des missionnaires européens ou indigènes; une autre loi du 22 mars 1852 a déclaré qu'ils seraient élus par les habitants, sous réserve de l'investiture française si l'élection portait sur un étranger. Enfin un décret du 23 janvier 1884, est venu abolir toute la législation antérieure sur la matière et a organisé d'une manière plus conforme aux intérêts français l'exercice du culte dans Tahiti et ses dépendances. Aujourd'hui chaque district a son temple ou son église, souvent même les deux, bien entretenus et fréquentés régulièrement par les fidèles. Moins nombreux sont les catholiques, mais la disproportion s'affaiblit tous les jours. Quant aux anciennes croyances, à peine trouverait-on un indigène capable d'en expliquer le cérémonial.

Une remarque à faire, c'est que les indigènes catholiques, comme les indigènes protestants, disent leurs prières par inspiration et d'après les circonstances, habitude que leur ont donnée, sans doute, les méthodistes anglais, les premiers qu'ils ont connus tout de suite après leur changement de religion.

D'une tenue irréprochable à l'église, ou dans le temple, à la porte desquels ils ont le soin de déposer leur couronne de fleurs, à peine sont-ils sortis que les conversations provoquent, même de la part des enfants, les éclats de rire les plus bruyants.

Cependant catholiques et protestants sont restés également en proie aux vieilles superstitions, comme aux vieilles mœurs : Les *tupapau* ou revenants ne les effrayent pas moins qu'autrefois.

*Tabou.* — Le tabou (défense), chez les Tahitiens, participait à la fois de l'ordre religieux et politique. C'est bien un prêtre qui le prononçait, mais il ne le pouvait qu'à la demande d'un chef.

Souvent un instrument de tyrannie, il fut parfois une sauvegarde chez un peuple où la propriété était si peu déterminée; l'abus de jouissance pouvant amener dans la suite des famines mortelles à la race.

Nous avons parlé des Aromatouas, dieux domestiques; c'étaient eux qui présidaient à la naissance des enfants, aux souffrances, à la mort, aux funérailles, mais jamais au mariage, resté à Tahiti la manifestation de la volonté personnelle des conjoints, sans aucune consécration civile ou religieuse.

*Naissances.* — A la naissance de l'enfant ses parents devenaient *Tabou*. La mère ne devait plus rien toucher de ses doigts pendant un laps de six semaines à deux mois, d'autres femmes lui donnaient la becquée. C'était là une marque de respect que nous voyons pratiquer envers les femmes de souche royale en toute occasion, coutume commune aux Tahitiens et aux Abyssins d'Afrique. Des fêtes où l'on invitait les Ariois avaient lieu.

La société n'était point parvenue à ce degré de civilisation qui voit dans chaque méfait une preuve de folie, les maladies même passaient pour des manifestations des Oromatouas. Le malade considéré comme coupable n'inspirait aucune pitié ; on recourait alors aux sorciers qui, au nom des tiis, le délivraient des esprits malins, à moins qu'ils ne jetassent des sorts, car ils exploitaient la superstition en se livrant à ce jeu. Dans les cas graves on appelait le prêtre et non plus le sorcier. Mais, si la pitié n'entourait point le malade il était de bon ton de le tuer à force de lamentations, où la sensibilité n'entrait pour rien. On pleurait, on gémissait, on se déchirait la poitrine ou la face par pur usage; à peine avait-on achevé qu'on se livrait aux démonstrations les plus folles, à la joie la plus frénétique (1).

*Mort. Sépultures. Funérailles.* — S'il en était ainsi pour les maladies, quel deuil devait entraîner la mort?

Aussitôt après le décès, le corps transporté dans une espèce de hangar, que chaque case possédait pour cet usage, était déposé dans un châssis de bois, sur des nattes, couvert d'une étoffe blanche ; à ses côtés étaient ses armes et près de sa tête des coques de noix de cocos, tandis qu'à ses pieds par une pieuse attention on plaçait une pierre, une baguette sèche, des feuilles

---

(1) Aujourd'hui encore, la sensibilité des Tahitiens est toute de surface. Le Tahitien vit pour le plaisir, il n'aime point à s'attrister et paraît trop léger pour prendre une part quelconque aux souffrances de ses semblables.

vertes liées ensemble ; près de là encore se trouvait une tige de plane, symbole de la paix, des noix de palmier et au sommet de l'arbre, ombrageant sa case, une coque remplie d'eau douce. A un des poteaux était suspendu un panier en feuilles de cocotier où étaient des tranches de fruit de l'arbre à pain. Cet usage de placer des mets auprès des morts est de toute antiquité et à peu près universel. La pirogue du défunt était brûlée publiquement. Les membres de la famille s'arrachaient les cheveux, se déchiraient, avec des dents de requin, diverses parties du corps, puis après deux jours de lamentations venaient encore pleurer auprès du Fataa dans l'intérieur du Maraé, payant un *haiva toupapu* (pleureur sacré) à la façon des Romains et des Grecs. Ce haiva n'était pas seulement un pleureur à gages, il représentait encore l'esprit du défunt tant que la famille voulait bien rémunérer ses services.

La mort des chefs était signalée par un deuil public ; des cris, des hurlements, des blessures pendant quatre jours, après quoi le corps déposé sur le fata, un combat s'engageait entre les guerriers du district et ceux d'un district voisin, venus exprès pour y prendre part et honorer en jouant leur vie, la dignité du défunt.

Le corps arrivé à la dessiccation par embaumement, on en séparait la tête que l'on transportait dans des cavernes appelées *Anaa* (chaîne), le reste de la dépouille était confié au sol du maraé.

Les funérailles avaient lieu avec tout le cérémonial possible ; les assistants se barbouillaient le corps jusqu'aux épaules et revêtaient des habits spécialement affectés au deuil. Ceux qui ne faisaient pas partie du convoi s'enfuyaient au bruit de castagnettes que portaient ceux qui le présidaient.

Puis, lorsque le prêtre qui présidait aux funérailles avait prononcé *imalata* (il n'y a personne), alors tous les gens du convoi allaient se baigner et reprenaient leurs habits ordinaires.

*Mœurs. Coutumes.* — Chez un peuple si léger, aux sensations si vives et si passagères, d'une beauté si remarquable, l'instinct artistique dut s'éveiller de bonne heure et on put en augurer un développement complet.

Comme autrefois les Aedes parmi les populations helléniques, les Arioïs donnaient le branle à cette société naïvement corrompue, à ces saturnales ingénues dans la célébration desquelles s'écoulait, au milieu des jeux, des rires et des plaisirs, la vie du Tahitien, à l'époque de l'indépendance. Les Arioïs prenaient part à toutes les fêtes, c'était tour à tour Eschyle dramatisant les gloires de sa patrie, Tyrtée animant les guerriers au combat, Anacréon chantant les roses et l'amour, Homère payant en épopées l'hospitalité des villes placées sur son passage, Pindare poétisant les moindres actes de l'existence, Hésiode enfantant les dieux ou enseignant aux hommes les saisons ou les jours. Ils président aux danses et animent les joyeuses *Upa-Upa*.

Le costume des femmes, même aux jours de fête, consistait en une longue blouse droite, tissue avec les fibres ligneuses d'une écorce macérée, battues et teintes des plus riantes couleurs. En guerre, le costume militaire consistait en trois grandes pièces d'étoffe superposées et étagées l'une sur l'autre ; celle de dessous, blanche et large, tombait jusqu'aux genoux ; la seconde, un peu plus étroite et rouge, ne descendait qu'à la cuisse ; la troisième, brune et plus courte, s'arrêtait à la

Femmes tahitiennes habitant Papeete.

ceinture. Les guerriers portaient aussi une cuirasse d'osier, recouverte de plumes et de dents de requin. Leur casque très élevé, de forme cylindrique, était orné d'aigrettes luxuriantes, bleues, vertes, et empennées d'une jolie bordure blanche. Un nombre prodigieux de longues plumes d'oiseaux du tropique dévergeait des bords et formait une espèce d'auréole dont les couleurs et les rangées indiquaient le grade.

Aujourd'hui le Tahitien porte généralement une chemise, tombant soit sur le pareu à bandes jaunes, bleues ou rouges, qui lui ceint les reins, soit sur le pantalon de coutil, mais très rarement à l'intérieur de l'un ou l'autre de ces inexpressibles.

Les femmes se vêtent d'une espèce de tunique longue et sans taille, avec collerette serrée, et savent malgré la sévérité de ce costume le porter non sans coquetterie. Nous ne dirons rien, et pour cause, des bas et des chaussures; un cordonnier n'ayant pour clients que des indigènes risquerait fort de mourir de faim; quant au chapelier il lui resterait bien peu à faire, chaque vahiné confectionnant pour elle et les siens un fort élégant chapeau canotier fait de bambous tressés. Pour les jours de fête, on le remplace par celui de pia (1), ou bien encore par une couronne de cette même plante et que surmonte, semblable aux panaches de nos cavaliers, le *reva-reva*, nœuds de rubans transparents, jaunes, verts, fournis par le cœur du cocotier. Mais ce que n'oublie point surtout la Vahiné, c'est le *tiare miri*, superbe fleur blanche dont elle parsème sa noire

---

(1) *Pia, arrow-root (tacca primatifida)*. Les Tahitiens en obtiennent une sorte de paille fine et blanche comme celle du riz.

chevelure et qui répand à l'entour une odeur plus suave que la fleur d'oranger.

A la musique, ou à la *Upa-Upa,* les cheveux parfumés, au monoï (poudre de santal ahi) et séparés en deux longues nattes très épaisses, la tête recouverte de simples couronnes de fleurs et de verdure (hei) parsemée de fleurs de gardénias, d'érytrina aux œillets de pourpre qui donnent une pâleur transparente à ses joues cuivrées, suffisent à gagner à la femme tahitienne l'admiration de chacun.

Si vous voulez bien, cher lecteur, partager avec nous un repas indigène, accroupissez-vous sur cette natte recouverte de larges feuilles de bananier ou du taro devant une écuelle formée d'une moitié de coco et remplie de *miti.* Gardez-vous bien de la prendre pour coupe! Le *miti,* coco aigri étendu d'eau salée, vous ferait faire une affreuse grimace, la main armée d'un morceau de maioré rôti (fruit de l'arbre à pain) ou de popoï (1), acceptez de l'hôtesse votre part d'un crustacé (genre bénitier) ou d'un poisson argenté, semblable au hareng, pressez un citron sur le tout et savourez, en ayant soin de tremper votre bouchée de maioré dans le miti. Si vous assistez à un repas de fête, mangez également au miti une tranche de porc frais, ou ce varo, sorte de langouste à la chair si exquise, jadis réservé pour les festins royaux. Voici que l'on apporte, enfermé dans de longs bambous verts, l'entremet national, le *taiero!* Si vous n'aimez pas un mélange horrible de fruits, de poissons et crevettes, le tout passablement fermenté, Dieu vous garde de toucher à ce ragoût! La gloutonnerie de vos hôtes vous

---

(1) *Popoï,* pâte obtenue du *maioré* et qui se conserve.

en saura gré. Ah! par exemple, vous apporte-t-on un massepain composé de maioré, de mangues et de bananes arrosé de jus d'oranger? Délectez-vous-en à loisir et si vous ne tenez à restez sur ce mets délicieux, choisissez à votre aise, ou ces odorantes goyaves, ou ces pommes d'or de Cythère ou ces oranges savoureuses que l'on vous présente dans un panier de cocotier. Ne demandez, par exemple, ni vin ni liqueurs, il vous faudra vous contenter d'eau pure ou de lait de coco ; mais cette eau est si limpide, ce lait de coco si doux au palais que vous oubliez facilement Bacchus et ses dons.

Autrefois ni les femmes, ni les enfants ne s'attablaient avec les hommes; heureusement la coutume a changé, et c'est un vrai plaisir aujourd'hui de se mêler à l'intimité des familles tahitiennes. Leur sociabilité atteint le plus haut degré ; un voisin vient-il à chauffer son four (1), tout le voisinage accourt pour profiter de la cuisson et il en résulte souvent des agapes presque fraternelles. Chacun s'improvise cuisinier ou cuisinière, car depuis l'ère de la civilisation, les soins de la table ne sont plus exclusivement la charge de la femme, affranchie désormais.

C'est le samedi, en tahitien *Mahanamaa* (jour de la nourriture) que les Tahitiens, la tête enguirlandée de fleurs et de feuilles, n'ayant pour tout vêtement qu'un pantalon ou plus souvent un pareu, vont dans la montagne couper les regimes de *fei*. Le fruit du fei (variété de Bananier) est d'une couleur jaune safran et se mange après cuisson, comme le Maioré.

Outre ces repas privés on célèbre à Tahiti, à cer-

(1) C'est le *four* canaque tel que nous l'avons décrit. Voir la *Nouvelle-Calédonie et les Nouvelles-Hébrides*.

taines époques de l'année, un festin national, appelé *Amuraa*. Chaque district cherche à éclipser celui de ses hôtes, aussi certains de ces Amuraa peuvent-ils être comparés à nos plus beaux festins de gala. Pendant cette fête de l'hospitalité le chef amphitryon et ses compagnons se font honneur de servir leurs invités sans s'asseoir à la table commune.

Généralement ce repas se donne dans la *Fare-hau* splendidement décorée. Le gouverneur et le roi ont toujours cru devoir en rehausser l'éclat par leur présence.

Que de fois n'avons-nous pas vu Pomaré Vahine dans ces occasions solennelles? La joie éclatait sur son visage, elle se sentait réellement la reine de son peuple qui l'acclamait joyeux et reconnaissant de son *ia ora na Pomaré Vahine*. Mais, même au milieu de ces hommages, un triste souvenir, une divination fatale assombrissaient soudain la face épanouie de la vieille reine.

L'Européen fraternise en ce jour avec les indigènes et, comme à notre anniversaire du 14 juillet, chacun s'empresse de contribuer à la pompe et à l'éclat de la cérémonie. Pas plus à Papeete qu'à Paris, on ne trouverait alors de voitures inactives.

Nous laissons deviner au lecteur le nombre de victimes, et, pour lui donner une idée de ces noces de Gamaches, disons seulement qu'au dernier Amuraa auquel nous avons assisté, sur une table recouverte de feuilles de fougères et d'amarantes, figurait après le repas une immense théière, d'une capacité supérieure à cent litres.

Comme dans les festins antiques, comme aujourd'hui au Grand-Hôtel, les fanfares et les chœurs de jeunes filles, formant de blanches théories, augmentent encore l'ivresse des assistants et se disputent la palme du concours. La nuit venue on termine la fête par les ébats frénétiques de la Upa-Upa, danse tahitienne qui n'a sa similaire dans aucun pays, soit par la légèreté des mouvements, soit pour l'originalité des caractères.

A la clarté de la lune, jetant sur l'assemblée ses rayons d'argent, sous un ciel étoilé des constellations les plus brillantes, à l'ombre des cocotiers, des arbres à pain, des orangers, sur un tapis de verdure où la rouge verveine se marie au vert gazon, s'agitent les danseurs et les danseuses en proie à une allégresse infinie.

Vainement plusieurs gouverneurs ont essayé d'en réprimer la licence. La Upa-Upa est tellement enracinée dans les coutumes tahitiennes que l'un deux s'attira cette réponse. « Nous laissons bien les françaises danser dans vos salons les danses françaises, laissez dans les jardins les Tahitiennes danser la danse tahitienne. » Avant le Protectorat, la pruderie des révérends anglais avait obtenu le même succès. Comme ils la défendaient à la reine Pomaré dans toute la fleur de ses seize ans, elle répondit à leurs remontrances par une Upa-Upa monstre à l'île Moréa; inventant, à son insu, la danse des bayadères, elle distribua, comme voile, à ses compagnes des dentelles transparentes que ces mêmes révérends lui avaient offertes pour orner la case royale.

Il faudra longtemps encore se résigner à la Upa-Upa, elle semble faire partie de la vie des Tahitiens comme le maioré fait partie de leur alimentation.

Au centre de la place même du gouvernement bordée de beaux puraus et munie de bancs, illuminée par des torches de cocotier et les bougies des marchands ambulants, s'élève un kiosque réservé à la musique militaire et à la musique locale; sur cette même place, on danse presque chaque soir, au son d'un tambour ou d'une simple cuvette de fer battu, la Upa-Upa tout en dévalisant les étalages de fleurs, de cannes à sucre, de pastèques, de fruits variés ou de glace à la vanille (pape toetoé).

*Musique.* — Bien que passionnés pour la musique, les Tahitiens ne possédaient avant l'arrivée des Européens aucun autre instrument qu'une espèce de flûte de roseau, le *vivo*, et une sorte de tambour analogue à nos anciens mortiers. Ce tambour, d'environ trois à quatre pieds de hauteur et neuf à douze pouces de diamètre, se composait du tronc d'un bois jaune et dur appelé *pona* (cratera reliogiosa) entièrement évidé et qu'ils agrémentaient de sculptures et de dessins; l'ouverture d'en haut était garnie d'une peau de requin fortement tendue par de petites cordes attachées au milieu ou au bas de l'instrument.

Autrefois, ils battaient le tambour à poings fermés, ils se servent à présent soit de baguettes, soit de la mailloche à grosse caisse.

Depuis notre arrivée, la jeunesse tahitienne a merveilleusement développé dans nos écoles ses instincts musicaux et il n'est guère d'indigènes qui ne joue aujourd'hui tel ou tel instrument aussi habilement que nos artistes.

*Luttes.* — C'est sans doute aux sons des tambours qu'à l'époque de l'indépendance la population tahitienne, sans distinction de sexe ni d'âge, se livrait au pugilat et à la lutte avec tant de force et d'adresse que nous avons vu Cook avouer la défaite de ses matelots, boxeurs si renommés. Rien de curieux comme le spectacle offert alors par la lutte entre femmes : pieds et poings liés, dents et ongles entraient en jeu, malheur à celle qui se laissait saisir par sa longue et épaisse chevelure, elle tombait bientôt sous les genoux de son adversaire. Cette dernière coutume a été abolie sous le règne de la reine Pomaré et nous n'avons point songé à la rétablir.

Car chez nous point de ces coups de poing qui font tant d'honneur à l'Angleterre!

Ayant tout à souhait, le Tahitien ignore le travail, ses forces athlétiques ne se dépensent comme nous l'avons vu que dans les jeux, la danse, le chant ou la pêche.

Voyez-vous à l'avant des pirogues, entre la côte et la ceinture des récifs, s'agiter de grands corps nus, à tournure fantastique, la main armée d'une lance prête à frapper?

La flottille s'ébranle; est-elle destinée à surprendre une des îles Sous-le-Vent comme aux jours de la barbarie?

Aux lueurs des torches rouges jetant leur lumière sur les récifs à la blanche écume, et qu'un compagnon placé à l'arrière est chargé de renouveler, ces géants apparaissent comme des demi-dieux prêts à répandre la terreur, à lancer la mort! Cherchent-ils une passe pour gagner la haute mer? Au contraire ils semblent l'éviter et sonder la redoutable ceinture de corail. Malheur aux peuplades qu'atteindront leurs lances redoutables! Rassurez-vous, cher lecteur, Borabora dort sur la foi des traités; Huahiné et Raiatéa n'ont rien à craindre du Tahitien civilisé, et cet appareil belliqueux ne menace que les hôtes de la mer. C'est la pêche nocturne telle qu'on la pratique chaque soir à Tahiti.

On ne saurait obtenir du Tahitien aucune exploitation agricole, aucun labeur commandé. Quant à son intelligence non moins vive que son corps est robuste, il ne l'emploie guère qu'à gagner les bonnes grâces des vahinés et à déjouer les ruses commerciales de l'Européen.

Nous nous souvenons qu'un *midship* avait donné à une indigène, comme bague d'or, une bague en doublé, en échange de quelques services; il avait compté sans le flair exquis du Tahitien qui, après avoir approché de ses narines l'objet suspect, refusa de se laisser tromper.

Quant aux femmes, elles ont conservé jusqu'à ce jour cette molle oisiveté, ce sans-gêne olympique. La rêverie, la promenade, la sieste, la danse, le chant et le bain, sont leurs principales occupations.

Véritables sœurs de Calypso, si Calypso et ses compagnes avaient connu les cartes, le tabac et la bière, dont malheureusement abusent les vahinés.

Le matin, c'est au marché que les Tahitiennes habitant Papeete et les environs, après avoir fait leurs provisions de poisson et de fruits, se rassemblent devant des tables où des Chinois leur vendent du thé, du café, du beurre, des gâteaux, etc. Puis elles rentrent chez elles pour y prendre leur repas principal, qui a lieu vers 11 heures et que les hommes ou les femmes âgées préparent.

A peine les restes en sont-ils distribués aux animaux domestiques, errants en grand nombre autour des cases, qu'elles procèdent à leur toilette. Les nattes sont étendues, et elles se livrent à la sieste inévitable sous le soleil des tropiques, et qui dure jusqu'à environ 2 heures.

Alors, toujours allongées, mais formant le cercle, les jeux de cartes qui passionnent énormément les Tahitiennes, commencent; la cigarette roulée dans une longue feuille de pandanus, dont chaque vahiné tire deux ou trois bouffées de fumée qu'elle rend lentement par le nez, passe de bouche en bouche.

Celles qui ne se livrent pas aux émotions de l'écarté ou du poker se racontent les événements de la soirée précédente, en fredonnant des chants du pays accompagnés par un accordéon ou des guimbardes, singulier instrument très répandu dans les îles de la Société.

Le soir, lorsqu'il n'y a pas de upa-upa ou de musique, c'est dans la rue de la Petite-Pologne, l'une des principales rues de la capitale et qui est le but commun de leurs promenades, qu'elles se donnent rendez-vous. Là, côte à côte, le chapeau canotier entouré de guirlandes de fleurs et de feuilles odorantes, posé sans façon sur le sommet de la tête, se tenant d'une main par le petit doigt et de l'autre relevant, non sans grâce, la traîne de leurs longues robes de mousseline blanche, rose, bleue, elles vont et viennent fredonnant des airs nationaux.

Ainsi s'écoule, dans une fête perpétuelle, la jeunesse de la femme tahitienne.

Hélas! le temps a promptement flétri cette fleur de beauté. Pauvre vahiné! adieu la *upa-upa*, les *hyménés*, les longues rêveries.

Autre temps, autres mœurs : à toi le fer à repasser, à toi la batte du lavoir.

## CHAPITRE VIII

Industrie. — Agriculture. — Commerce. — Règne animal. — Règne végétal.

*Industrie.* — On a pu voir par les instruments de musique que l'industrie avant la découverte, était encore à l'état d'enfance à Tahiti.

Les maisons ou plutôt les abris, sauf la case des chefs, ne comportaient pas grand travail; de gros galets formant pilotis, avec murailles de bambous garnis de nattes, le tout surmonté d'une toiture en feuilles de cocotier ou de pandanus débordant un peu les parois, telle était toute l'architecture. C'est au bord de la mer que se trouvent les villages, le centre est à peine habité. Les cases actuelles entourées d'un vaste enclos, propriété de la famille, à l'ombre des cocotiers, des arbres à pain, des manguiers, sont à peu de chose près celles des anciens temps. A l'intérieur, où de tout temps a régné la plus grande propreté, le pied, au lieu de s'enfoncer dans des herbes sèches, rappelant la suave odeur du *new mown hay* (foin fraîchement coupé), et qui recouvraient le sol, glisse sur un parquet luisant que recouvrent des nattes de pandanus finement tressées, et sur lesquelles les indigènes trouvent qu'il est plus doux de s'étendre que de se plier le corps sur ces incommodes sièges qu'ils possèdent cependant. Si l'on y trouve toujours la lampe légendaire devant laquelle est placée une feuille de bananier pour en cacher le trop vif éclat, au lieu des nattes qui servaient de lit, de bonnes couches garnies de matelas, de draps et de

Case tahitie de l'intérieur.

couvertures, et qu'entourent des moustiquaires de mousseline d'une blancheur irréprochable.

Insulaires, les Tahitiens, parvinrent de bonne heure à s'élever à un degré respectable dans la construction maritime. Ils avaient trois catégories de pirogues : l'*oure*, le *vaa* et le *pahi*.

Le pahi, la plus remarquable, était formé de deux grandes pirogues réunies par une plate-forme, et composées elles-mêmes de pièces s'emboîtant parfaitement les unes dans les autres, reliées par des tresses incorruptibles de filaments de cocotier, le tout n'ayant qu'un seul mât; une voile, quelquefois deux, servaient à la navigation en pleine mer.

Il est très extraordinaire que, réduits à une herminette de pierre noire pour outils, n'ayant d'autres clous que des coquillages, ils aient obtenu d'aussi grands résultats. Sur ces pirogues, on eût pu trouver des hameçons de nacre artistement travaillés, des filets finement tressés.

Les Tahitiens contemporains ont remplacé ces embarcations par des baleinières qu'ils construisent souvent eux-mêmes; mais presque chaque case a sa petite pirogue de pêche, plus commode pour aller le soir au long des récifs, surprendre le poisson.

Le battage des étoffes, le tissage de la paille, n'exigeant que de la patience et du goût, fut une des gloires de Tahiti indépendante. On achèterait cher aujourd'hui ces étoffes si brillantes, si habilement ourdies qui ont contribué à la réputation des Tahitiennes, non moins que leur splendide beauté.

Ils tiraient de trois arbres différents l'écorce propre à la confection de leurs étoffes. Le mûrier (*morus papyrifera*) fournissait la plus fine; l'arbre à pain, une moins blanche et moins douce; une espèce de figuier sauvage une grossière, mais la plus utile, car elle était la seule qui résistait à l'eau. Cette dernière était naturellement parfumée et servait aux habits de deuil; ils teignaient ces étoffes avec un très beau rouge qu'ils obtenaient du fruit d'une espèce de figuier et du *cordia sedestina;* ils avaient aussi une teinture jaune très brillante, tirée de la racine du *morinda citrifolia.*

Les Tahitiennes ne veulent plus manier le battoir servant à étendre l'écorce, et nous ne pouvons plus juger de la délicatesse de leur goût qu'en admirant ces chapeaux artistement travaillés, ces couronnes en *pia* et les *reva reva,* aussi élégamment montés que le pourraient faire les meilleures fleuristes parisiennes.

On trouve encore cependant des nattes dont quelques-unes surpassent ce que nous avons de meilleur en Europe. Il y en a de plusieurs espèces; l'une est faite avec une espèce d'ortie (*hibiscus tiliaceus*) et il en est d'aussi fines qu'un drap grossier; l'autre espèce, plus belle, blanche, lustrée, brillante, se fait avec les feuilles de pandanus; on en fait encore avec des joncs et des herbes, et elles leur servent de lits et de sièges. Ils sont aussi fort adroits à confectionner les ouvrages d'osier, ils font des paniers de mille formes différentes. Dans l'espace de quelques minutes, ils en façonnent un avec les feuilles vertes de cocotier. C'est surtout dans les îles circonvoisines que l'on peut se procurer les objets les plus soigneusement travaillés.

*Agriculture.* — Quant aux produits agricoles proprement dits, on comprend qu'ayant l'*arbre à pain*, les Tahitiens n'aient guère songé à la culture des céréales. Leur agriculture porte surtout sur le taro,

Case tahitienne des environs de Papeete.

l'igname, et autres racines du même genre. A l'arrivée des Européens, sous Pomaré Ier, cette source de richesses reçut de grands développements. Il semble au premier abord qu'une île aussi riche en terre arable (30 à 40,000 hectares, sur 104,215 hectares) eût dû porter davantage ses habitants à exploiter ses trésors. La cause du peu de progrès faits par l'agriculture jusqu'à la découverte tient principalement aux idées d'hérédité et d'indivisibilité de la propriété entre membres d'une même famille.

Les Tahitiens ne comprenaient l'aliénation du sol que par la guerre, la donation ou la confiscation ; ni échanges ni ventes, de sorte qu'il se passait à Tahiti ce que nous avons vu en Europe avant la Révolution française. Propriétaire d'une étendue considérable, on n'en cultivait qu'une partie, juste de quoi suffire aux besoins de la famille, étendue jusqu'au clan, besoins bien atténués par la prodigalité de la nature envers Tahiti.

Cette manière d'envisager la propriété a subsisté, et l'Européen trouve difficilement à acheter aux indigènes le moindre lopin de terre. Au sujet de la confiscation, elle s'exerçait d'une façon fort curieuse ; notre lecteur n'a point oublié que le roi était *arii arii* par excellence. S'il plaisait à Sa Majesté de faire en chaise à porteurs une tournée dans son royaume, et qu'elle vînt à mettre pied à terre, l'endroit que son pied royal avait foulé devenait *tapu* (*tabou*, défense) absolument comme les mots de la langue adoptés par la caste supérieure, et si Sa Majesté était en humeur de faire une longue promenade, pour visiter ou admirer la forêt ou la plaine, la fantaisie royale ne laissait pas de coûter cher à son humble sujet. Nous avons parlé également du privilège retenu par les *arii* : la faculté, en cas de litige, pour le perdant, d'abandonner à l'*arii* le plus proche, ses droits dès lors reconnus incontestables. Il serait curieux de rapprocher ces coutumes de celles usitées chez nous sous le régime féodal, on y trouverait la confirmation du vieil adage. Les mêmes causes produisent les mêmes effets, fût-ce en des temps plus ou moins éloignés et à des distances de plusieurs milliers de lieues.

La constitution de la propriété comprenait en dehors de cette propriété individuelle ou de famille, le domaine royal, le *farii hau* ou apanage des chefs de district.

Jaloux de respecter les droits des indigènes, le gouvernement français, par une loi du 24 mai 1852, a consacré la possession seigneuriale des *farii hau*, en les garantissant à leurs propriétaires, sans possibilité d'aliénation, autre qu'une décision de l'assemblée législative sanctionnée par le souverain.

Bien plus, le gouvernement s'est engagé, en cas d'extinction de l'*Arii* et de la famille, à nommer de concert avec les *iriti atira* (notables) du district un nouvel *arii* et à lui transmettre les biens du défunt.

Quels obstacles de semblables coutumes ne doivent-elles pas opposer à l'essor de l'agriculture et de la colonisation ?

Domaines privés, seigneuriaux ou royaux, n'ont pu être entamés par l'immigration européenne; c'est que sans être parfaitement défini, le sentiment de la propriété existe très vif dans le cœur du Tahitien. Chicanier et processif, il défend devant les *Toohitus* sa motte de terre avec la même énergie qu'il déployait jadis à interdire aux ennemis la violation de son *marae*, aussi la législation sur la propriété est-elle féconde en arrêtés divers, qui attendent une loi codifiant la matière. En 1852, on crut pouvoir prévenir la plupart des contestations entre Maoris, en prescrivant l'inscription de toutes les terres privées sur un registre public.

Cet essai cadastral, qui ne visait d'ailleurs qu'un seul des modes de la propriété, ne reçut d'exécution que dans neuf districts sur vingt, resta parfaitement inapplicable dans les dépendances de Tahiti, et échoua misérablement devant l'inexpérience des indigènes.

Pour défendre les propriétaires inscrits contre les revendications des tiers, il fallut décréter une prescription quinquennale. Nous ne citerons que pour mémoire les ordonnances complémentaires de 1868 et 1877 qui n'amenèrent pas grand résultat.

Tout porte à croire les Tahitiens trop peu avancés pour l'application d'une mesure aussi procédurière que l'inscription. Rien ne semble pouvoir empêcher la revendication du non inscrit contre l'inscrit suivant le proverbe *Tama ta, no atou* (nous perdrons, mais essayons toujours).

Bien que le sol fût des plus fertiles ou plutôt à cause de cette fertilité, l'agriculture indigène ne reçut pas de grands développements; pourquoi cultiver quand la nature pourvoit à tous les besoins? Au début de l'arrivée des Européens, quelques essais de plantations de canne à sucre, de caféiers, ont été tentés, mais ce n'est à proprement parler que depuis l'année 1862 que la culture a attiré l'attention des habitants du pays. Avec une végétation aussi riche, se prêtant si admirablement aux diverses branches de l'agriculture, il est regrettable de ne point voir se renouveler, l'entreprise de M. Stewart, à Atimaono.

En 1864, la colonie crut cependant sortir de son apathie ; une puissante compagnie, *Tahiti cotton and coffee plantation Company*, envoyait un agent à Tahiti et aux îles Marquises. Celui-ci achetait sur les districts de Papaoa et de Matacia tous les terrains que les indigènes voulurent bien lui vendre. Il payait bien et avait pour lui la reine, de sorte qu'il put facilement réunir 3 à 4,000 hectares.

Pour remédier à l'incurable paresse des Tahitiens, cet agent obtint du gouvernement l'autorisation d'introduire des coolies chinois et des indigènes de l'archipel de Cook.

En peu de temps, cette plantation devint très florissante et promettait à la colonie un essor rapide. Malheureusement, la Société mère avait dans un coin de l'Orient un établissement analogue, mais fort dispendieux. Tahiti seule réussit, et la solidarité des opérations amena la faillite d'Atimaono.

Après des fortunes diverses, la plantation dite d'Atimaono est tombée aujourd'hui aux mains d'une Société dont le seul but, nous dit-on, est de la revendre en totalité ou par parcelles.

Pour favoriser les quelques colons qui s'étaient livrés à l'agriculture, un arrêté formait, le 30 juillet 1863, une caisse agricole destinée à favoriser l'exploitation en centralisant les productions pour la vente à l'embarquement. Un autre arrêté, du 30 avril 1866, autorisait la même caisse à prêter sur connaissement de chargement de coton et autres denrées à destination de la France ; les opérations se sont encore étendues depuis la réunion à la France. Aujourd'hui cette caisse agricole, placée sous le contrôle du conseil général y a ajouté l'achat et la revente des terrains.

Elle ne fait aucune spéculation sur cette revente, qui a lieu avec des facilités de remboursement sous la forme de délais variant entre un et dix ans. De plus elle prête sur récolte, sur hypothèques, sur signatures, et supplée ainsi dans une large mesure aux avantages que la colonie retirerait d'une banque qu'elle ne possède pas encore.

Elle offre ainsi aux personnes peu aisées, mais ayant la ferme volonté de travailler à se constituer un petit domaine, des facilités considérables. Elle a aussi une agence aux îles Marquises, possédant une usine à égrainer le coton.

Nous souhaitons vivement que cette nouvelle organisation profite à notre colonie, en assurant une position honorable aux immigrants agricoles jusqu'ici les moins privilégiés.

Au commencement de l'année 1886, le Conseil général a décidé, afin de favoriser les opérations de la Société de colonisation, dont le siège est à Paris, boulevard de Courcelles, 71, de voter une subvention assez importante; mais a jugé essentiel, avant tout, que le ministre de la marine et des colonies prescrive au gouverneur de s'occuper d'une façon définitive et sérieuse de l'inscription des terres, sans laquelle toute entreprise agricole est impossible.

Enfin, en mars 1887, la Société française de colonisation a ouvert des nouvelles négociations avec le Conseil général de Tahiti pour l'emploi d'un crédit de 10,000 francs accordé par la Colonie et affecté à l'envoi à Papeete de colons français.

Nous ne nous appesantirons pas davantage sur la grande culture. La culture maraîchère est pratiquée pour la plus grande partie par des Chinois, et nous

nous plaisons à leur rendre cette justice que si leur ingérence commerciale est chose regrettable, nous n'avons qu'à nous féliciter de les voir fournir avec abondance le marché, de légumes et de fruits.

*Commerce.* — Comme sur leurs anciennes pirogues, les Tahitiens vont sur des baleinières trafiquer d'île en en île, des productions de leur pays et des importations européennes.

Tahiti commandant les désertes Tuamotus, les belliqueuses îles Sous-le-Vent, admirablement dotée par la nature au point de vue agricole et surtout horticole, dut voir depuis longtemps ses enfants approvisionner ces îles.

Leurs connaissances astronomiques, déjà connues des lecteurs, leur permettaient de parcourir cette mer du Sud à une distance souvent supérieure à trois cents lieues. C'est ainsi qu'Ataourou, l'hôte et le protégé de Bougainville, prédit à notre illustre compatriote qu'en se dirigeant sur telle étoile (l'*étoile d'Orion*) on aboutirait à telle île, ce que l'événement justifia.

Entre l'Amérique et le monde austral, Tahiti est le centre d'un commerce que viendra développer encore, après le percement de l'isthme de Panama, la navigation.

Depuis la découverte, la gracieuse hospitalité de ses habitants lui valut d'être un point de relâche pour les équipages ayant à renouveler leurs provisions et pour un grand nombre de navires baleiniers. La pêche de la nacre y attira de bonne heure la convoitise de l'Européen. Avec leur égoïsme ordinaire, les Anglais, tant qu'ils eurent la haute main sur les affaires de la colonie, accaparèrent tout le commerce, et même sous notre protectorat ils l'ont conservé.

Négociant chinois de Papeete et son fils.

C'est à Papeete que presque toutes les affaires commerciales se traitent ; c'est là que les négociants ont établi leurs magasins et réuni les ressources de toute nature nécessaires au ravitaillement des navires.

Mais, hélas! quelle tristesse de voir la France se désintéresser ainsi dans l'exportation des produits de sa colonie qui, presque tous, vont à San-Francisco ou sont embarqués sur des bâtiments étrangers, et ne ne nous parviennent de la sorte que de seconde et de troisième main, après avoir enrichi deux intermédiaires anglais ou allemands! Les produits expédiés pour la France en 1884 ne sont en effet que de 200,459$^f$,02, tandis que ceux à destination de l'étranger sont de 1,222,081$^f$,72.

Les principaux articles d'exportation sont le coton (*sea-jalaud*), qualité supérieure et dont on peut évaluer l'exportation actuelle à 600,000 kilos ; bien cultivé il donne 1 800 kilogrammes par hectare, produit une récolte moyenne en sept mois et demi, et une grande récolte en onze mois ; la graine de coton, le coprah (amande sèche de cocotier) ; le sucre de cannes, dont la plante n'a point à craindre, comme en Nouvelle-Calédonie, les sauterelles, assure à deux sucreries un revenu rémunérateur et procure aux habitants un rafraîchissement peu coûteux et très savoureux ; le rhum, le café, produisant au bout de cinq ans ; la vanille au bout de dix-huit mois, le maïs au bout de seize semaines, le tabac, qui devient superbe et ne demande que seize à dix-neuf semaines pour venir à maturité ; les oranges, dont la production annuelle est de 15 000 000, mais dont 5 000 000 seulement trouvent débouché en Californie. Combien de tonnes de curaçao et de vin d'orange ne pourrait-on livrer à la consommation si quelque distillerie enlevait aux porcs et aux autres animaux domestiques des trésors si précieux! les citrons, l'arrow-root, l'igname, le taro, le fungus, le tabac, la cire jaune, le miel, la noix de bancoulier (*aleuristes tribola*), la nacre perlière provenant des îles Tuamotu (450 000 à 500 000 kil. par an), les perles fines dont on estime le produit à 200 000 francs par an, estimation selon nous inférieure au revenu réel, car, aussi peu volumineux que précieux, cet article n'est pas souvent déclaré.

On pourrait encore utiliser pour la confection de ces excellentes gelées de goyaves, ces immenses buissons de goyaviers dont le défrichement coûte tant de peine au cultivateur.

Nous ajouterons, pour terminer cette liste qui, par l'initiative des colons européens, pourrait être augmentée, que quelques colons ayant essayé la culture de la vigne, ont été surpris d'un résultat qui leur assurait deux récoltes par an.

A ces différents produits il est bon d'ajouter le commerce de l'opium, affermé 60 000 francs à un commerçant français qui se charge de la surveillance douanière, non seulement pour Tahiti, mais encore pour ses dépendances.

L'importation, en 1885, se chiffre par la somme de 5,025,797$^{fr}$,05, l'exportation par celui de 4,434,893$^{fr}$,71.

Dans ce chiffre, la France ne figure pour l'importation que pour 1,056,559$^{fr}$ 94, tandis que la part prise par la Société commerciale de l'Océanie, de Hambourg au mouvement commercial étranger de Tahiti, a été à elle seule de 2,232,538 francs; elle a contribué pour un tiers au moins dans le chiffre des recettes produites par l'octroi de mer; de plus elle possède une usine d'égrainage de coton et de vastes propriétés aux îles Marquises, une usine à Papeete, une sucrerie à Papeuriri et de grands terrains, soit en son nom, soit sous des raisons sociales diverses, sans parler d'autres propriétés foncières très importantes, tant à Tahiti que dans les autres îles. Aux îles Sous-le-Vent, elle occupe une place très considérable et n'a guère d'autre concurrent sérieux que le capitaine Higgins, de nationalité anglaise ou américaine.

Une semblable disproportion sur des articles également fabriqués en France, n'appelle-t-elle pas toute l'attention de nos gouvernants sur l'état précaire où végète notre marine marchande? A quoi bon coloniser et semer aux quatre coins du monde les os de nos soldats, si la patrie ne doit point en profiter, soit par une importation accroissant son bien-être, soit par une exportation écoulant son trop-plein ?

On ne doit pas toujours s'en prendre au gouvernement: l'initiative privée manque chez nos commerçants; il suffira, nous l'espérons, de leur signaler l'état des choses actuel à Tahiti pour exciter en eux, en même temps que la flamme du patriotisme, l'appât du gain; car il y a, nous n'en doutons pas, d'immenses sommes à gagner par une exploitation sage et n'encourant que des risques presque nuls.

Voyez les Chinois? Une mention spéciale est due à leur commerce. Venus comme coolies à la plantation d'Atimaono, grâce à leur sobriété et à leurs habitudes d'épargne, les Chinois n'ont pas tardé à accaparer presque tout le petit commerce, tant à Papeete que dans le reste de l'île.

Une sorte de drainage s'est établi par leur entremise entre San Francisco et Tahiti, au grand détriment des Européens. Vainement le gouvernement a-t-il interdit à de nouveaux arrivants chinois le sol tahitien, le mal était fait, et on évalue à deux mille le nombre des individus de race jaune, leur invasion dans nos possessions de la Polynésie formant ainsi une petite Chine dans notre petite colonie.

Ce qui s'est passé à San Francisco semble nous menacer également.

*Règne animal.* — Bien que certain voyageur ait considéré le porc comme autochtone, nous avons vu qu'il faut rapporter au dépôt fait par Quiros dans les Tuamotus, ceux qu'y trouva Wallis à l'époque de la découverte. La nature, si prodigue envers cette île au point de vue végétal, semble lui avoir refusé toute espèce de quadrupèdes. La classe des reptiles, au grand plaisir des habitants, n'y est guère mieux représentée : ni serpent, ni vipère, seul l'inoffensif lézard.

Les Arachnides, sans pulluler, ont fait leur apparition à Tahiti ; quelques scorpions, quelques cent-pieds y ont été, prétendent les Tahitiens, importés par les navires. On y rencontre aussi le cancrelat, hôte plutôt incommode que dangereux, et l'inévitable moustique. Heureusement la médecine indigène a su remédier aux morsures et aux piqûres en réinventant la doctrine de Salerne. *Similia similibus curantur.* Chaque case possède un bocal où macère dans l'alcool scorpion ou cent-pieds, et en cas d'accident, le patient se frotte avec le liquide ainsi traité.

En ce qui concerne les oiseaux, même rareté qu'en Nouvelle-Calédonie ; on pourrait parcourir des forêts entières sans entendre le gazouillement charmeur de nos forêts.

Les quelques espèces indigènes habitent presque toutes les marais et les bords de la mer : phaétons (oiseaux des tropiques), petites perruches vertes, martins-pêcheurs, canards sauvages et sarcelles, quelques hérons, chevaliers et alouettes de mer. On y trouve aussi une espèce de pigeon nommé par les indigènes rupe (serrésius galeatus). C'est une espèce assez rare, gros comme une poule, au plumage verdâtre et dont la chair est fort délicate.

Après le porc et la chèvre, les Européens ont importé le bœuf, le cheval, le chien et le chat.

L'espèce bovine, qui cependant trouve de gras et beaux pâturages, ne semble guère s'être développée, car Tahiti jusqu'ici emprunte aux îles Sandwich un bétail qui, le plus souvent, lui parvient en mauvais état d'abatage. Actuellement l'initiative privée tend à établir un courant d'échange entre nos colonies polynésiennes et nos colonies mélanésiennes, fournissant ainsi un excellent débouché aux éleveurs de la Nouvelle-Calédonie, et un nouveau moyen d'alimentation au marché de Tahiti.

En revanche, la race chevaline a pris une extension considérable; l'indigène a volontiers adopté le cheval, dont l'élevage, tout en ne lui coûtant pas, comme celui du bœuf, un soin inaccoutumé, lui a procuré un nouveau plaisir, acquis à vil prix, en raison de l'exubérante végétation du pays. Dans leur inexpérience et leur soif de jouissances, les Tahitiens n'attendaient même pas pour s'en servir, que le cheval fût formé, et le gouvernement a été obligé d'interdire la monte des poulains surmenés.

La race porcine (espèce chinoise), s'est propagée avec rapidité, et il n'est point de case indigène qui n'ait pour hôte quelques-uns de ces animaux. On en rencontre même à l'état sauvage dans l'intérieur des forêts. Pendant le séjour de Cook à Tahiti, le *bouaa* (porc) semble avoir été l'objet de soins particuliers. Ce navigateur rapporte qu'un jour il vit une jeune vahiné tenant dans ses bras un porcelet et présentant le sein à cet enfant nouveau genre.

La race caprine, introduite par les missionnaires espagnols Hieronimo et Narcisso, de Bonechéa, s'est admirablement reproduite, mais les Tahitiens se seraient passés de son lait si elle eût, comme la vache, exigé des soins importuns à leur paresse.

On ne saurait trop s'étonner de l'absence complète du mouton, nous ne croyons cependant pas avoir entendu parler d'une herbe malfaisante, comme en Nouvelle-Calédonie, qui compromît son existence.

Dans la basse-cour, caquètent et coquettent poules et coqs en quantité, d'une espèce naine, dont la saveur fait regretter la petitesse.

Le chien pullule, sans appartenir à une race bien définie. Jadis les indigènes en firent un article de boucherie; aujourd'hui ils le considèrent comme un compagnon fidèle, et lui témoignent la même affection que nos enfants et nos dames.

Où court donc cette gracieuse Tahitienne, alertement suivie par un gentil compagnon? Tâchons de caresser la robe soyeuse de l'angora chéri! il ne nous griffera pas, sa maîtresse a pris soin de lui emprisonner les griffes dans des gants de peau et nous pourrons donc admirer à notre aise la mine coquette et bizarre que lui donne sa collerette enrubannée et ses mignonnes oreilles ornées de pompons de fleurs.

Nulle part la mer ne s'est montrée plus féconde et plus généreuse. M. Forster rapporte qu'il reconnut dans la baie de Mataval quarante-cinq espèces de poissons. Tararao et Papeuriri abondent en huîtres,

Baie de Papetoai (île Mooréa).

semblables aux huîtres de Marennes et d'Ostende. Nous pourrions parler de l'huître perlière dont nous renvoyons l'étude au chapitre des Tuamotus.

Quelles admirables ressources n'offriraient pas à l'exploitation européenne l'exubérante végétation de Tahiti, si l'on pouvait vaincre la paresse invétérée des naturels. Mais, hélas! on ne saurait l'espérer, et Tahiti n'a pas à sa portée, comme la Nouvelle-Calédonie, un archipel des Nouvelles Hébrides pour y recruter des travailleurs. Malgré cet inconvénient, l'exportation des produits végétaux atteint des proportions relativement considérables.

Les forêts fournissent à profusion, à la charpente, à la menuiserie, à l'ébénisterie et à la teinturerie, à la sparterie ; le purau (*paritium tiriaceum*), le santal, le tamanu, le miro ou bois de rose, le morus papirifera, dont l'écorce fournit une étoffe fine et douce, le bancoulier, le bois de fer, etc., etc.

La liste complète en a été fournie lors de l'exposition de 1878, par M. Poroï, entrepreneur indigène. Comme arbres fruitiers : l'arbre à pain, le cocotier, le spondias dulcis (evi de Tahitiens), l'oranger introduit par Cook, le citronnier, l'avocatier, le manguier, le bananier, le goyavier, etc. Le goyavier (*psidium piriferum*) — taara en tahitien — introduit en 1815, a littéralement envahi l'île. Il y a détruit les autres plantes, même les vieux et gros arbres, au pied desquels il pousse avec une incroyable vigueur.

Dans les vallées, il prend des proportions arborescentes, tandis que sur les montagnes, il ne dépasse guère celle d'un arbrisseau. On attribue sa propagation surtout aux animaux qui, tous recherchent ses fruits délicieux.

L'ananas y est tellement abondant, que les Tahitiens en gaspillent une grande quantité pour orner leur cou et leurs coiffures. Comme plantes ornementales, Tahiti nous offre le pandanus odoratissimus, la fougère arborescente, le gardénia, le guettarda, le colophyllum, le mimosa, la verveine, le tiaré miri, et une foule d'œillets et de roses transformant les jardins et la campagne en véritables paradis de fleurs.

L'arbre à pain (*artocarpus incisa*) est originaire de Tahiti ; la légende dit : « Sa semence fut apportée du ciel par un pigeon blanc, qui avait mis deux lunes pour aller et deux pour revenir. » Nous avons vu que Bligh y fut envoyé exprès pour y chercher des plants, et les transporter à la Jamaïque avec des cannes à sucre également prises à Tahiti. De là, ces deux végétaux ont été répandus à Saint-Domingue, à Cuba et à la Trinité, où la culture de la canne est devenue d'une grande importance.

Toutes ces différentes espèces sont représentées dans le jardin botanique qui entoure le palais du gouverneur. Elles y sont mêlées aux plantes médicales confiées aux soins du médecin en chef de l'hôpital militaire.

# DEUXIÈME PARTIE

## DÉPENDANCES DE TAHITI.

### ILOTS TETIAOROA.

Nous avons dit que Tahiti occupait une position centrale dans le monde polynésien.

En quittant cette île et après avoir laissé à gauche l'île Mooréa, les premiers îlots que l'on rencontre sont les îlots Tetiaoroa, du district d'Arue, au nombre de sept ou huit et à 25 milles (1) environ de la pointe Vénus. Ils sont la propriété personnelle de la famille Pomaré, qui y possède de superbes plantations de cocotiers.

### MEETIA.

En continuant de naviguer vers l'est, c'est-à-dire vers l'archipel des Tuamotus, on trouve la petite île de Meetia, que l'on a cru faussement être la Decema de Quiros.

Wallis la vit en 1767 et la nomma *Osnabrück*. D'autres navigateurs venus après eux la baptisèrent à

---

(1) Le mille marin vaut 1852 mètres.

leur gré. Aujourd'hui, comme Tahiti, elle a repris son nom indigène Meetia.

Située sur la route de Tahiti aux îles Tuamotus, Meetia offre un bon point de reconnaissance à l'atterrissage des navires qui viennent mouiller à Tahiti; s'élevant verticalement de la mer à 60 milles environ, elle regarde le district de Tautira, dont elle relève. Ce n'est guère qu'un double roc à hauteur de 400 mètrer du niveau de la mer, surmonté d'un cratère éteint, quoique béant.

Quand, à grand'peine, on est parvenu à franchir l'arête tranchante, qui en forme les bords, l'œil plonge dans un vaste vallon de 200 à 300 mètres de profondeur, dont les parois sont parsemées de Fei au luxuriant feuillage, de Lutus, semblables à de gigantesques camélias; excepté dans le voisinage des crêtes, magnifique splendeur végétale !

Cette île possédait une population assez dense qui sombra, dit-on, en se rendant à Papeete un jour de fête. Les soixante ou quatre-vingts survivants occupent encore les deux anciens villages. Doux, hospitaliers, actifs et industrieux, ils se livrent à la culture et à la pêche, n'ayant plus à craindre les invasions des indigènes des Tuamotus qui, plus d'une fois, les obligèrent à aller chercher un refuge dans la presqu'île de Taïrabu, leur premier berceau.

L'île Meetia ne possède ni port, ni source d'eau douce, aussi les navires restent-ils sous voiles quand ils y abordent. Les habitants sont obligés de conserver dans des vases, ou des calebasses, l'eau de pluie nécessaire à leur alimentation; ils boivent, en mangeant, l'eau de coco frais.

# MOORÉA

EIMÉO OU DU DUC D'YORK.

Vue de Tahiti, dont elle n'est éloignée que de 12 milles marins au nord-ouest et entourée, comme celle-ci, d'un récif, Mooréa offre un aspect plus pittoresque encore et une végétation plus vigoureuse.

Se profilant sur des masses de verdure, comme autant de Titans assemblés en conseil, s'élève un groupe de montagnes, dont l'un des pics percé à jour, juste au-dessous de son point culminant, a reçu, dit la légende, le coup de lance de nous ne savons quel demi-dieu tahitien.

L'île tout entière embrasse un périmètre de 48 kilomètres ; sa superficie comprend 13,237 hectares, dont 3,500 au moins d'excellente terre cultivable.

Elle se divise en quatre districts : Papetoaï, Haapiti, Afaréaïtu, Teaharoa, ayant à leur tête des chefs indigènes. Sa population, d'après le dernier recensement, atteint 1,445 habitants presque tous protestants.

L'île Mooréa est très bien arrosée et possède des ports admirables, qui sont, aux dires de Bougainville et de Cook, des merveilles de la nature, et dont le principal, Papetoaï fait face à Papeete.

Nous avons vu qu'elle offrit un refuge en 1810 aux

révérends anglais, chassés de Matavaï. On trouve encore de nos jours à Papetoaï leur premier temple construit en pierres de corail, très soigneusement taillées, et à Afareaïtu, l'établissement où ils avaient créé leur imprimerie.

Cette île, réunie à la France en même temps que Tahiti, possède une résidence.

D'une manière générale, disons-le une fois pour toutes, les fonctions de résident sont confiées à un officier de marine assisté d'un agent spécial, de un ou de plusieurs gendarmes et de quelques soldats d'infanterie de marine et d'artillerie, selon l'importance du lieu et des principaux chefs. Un grand conseil dont le résident est forcément président, s'occupe des affaires publiques. Les finances sont dirigées par l'agent spécial. Pour ce qui est de la justice, le résident remplit seulement les fonctions de juge de paix et un gendarme celles d'huissier; les différends entre indigènes ou entre européens, sont tranchés par un tribunal mixte sous la présidence du résident. S'agit-il d'affaires criminelles ou correctionnelles? les délinquants sont envoyés devant les tribunaux de Papeete.

L'instruction publique se divise en écoles du gouvernement et écoles libres ou congréganistes, ayant presque toutes des instituteurs indigènes.

Les actes de l'État civil sont confiés à l'agent spécial, au lieu de la résidence et aux chefs indigènes dans les districts.

La police est confiée aux indigènes. Nous avons vu qu'un service postal était établi entre Mooréa et Papeete.

Les productions sont les mêmes qu'à Tahiti, mais les indigènes, plus actifs, plus industrieux, savent en tirer meilleur parti.

Plantation de M. Michaeli à l'île Mooréa.

Les Mooréens jouissaient d'une grande renommée sur mer; Cook nous raconte une bataille navale entre eux et les Tahitiens.

Maintenant on laisse reposer la pirogue de guerre des ancêtres jusqu'aux jours de fête, pendant lesquels le simulacre des anciens combats doit offrir un nouvel attrait à la joie publique.

Devenus d'excellents ouvriers, c'est sur des baleinières, construites de leurs propres mains, qu'ils transportent au marché de Papeete les produits de leur sol ou de leur industrie.

Au milieu de la population mooréenne se sont établis, au centre de la baie de Papetoaï, deux planteurs européens : M. Vallès, capitaine d'infanterie de marine en retraite et le D$^r$ italien Michaeli, dont les belles plantations de cannes à sucre et de cotonniers donnent le regret à tout visiteur de ne pouvoir s'établir dans le voisinage.

# ILES SOUS-LE-VENT

### OU GROUPE D'ILES SITUÉ A L'OUEST DE TAHITI.

Pour achever l'histoire de l'archipel des îles de la Société, dont le premier groupe a été, comme nous l'avons vu, réuni à la France en même temps que Tahiti, il nous faut étudier le second sur lequel s'étend notre influence, mais que la jalousie envieuse de l'Angleterre ne nous a pas encore permis d'annexer à nos possessions polynésiennes.

Quand donc, secouant le joug de l'alliance anglaise, nos gouvernements comprendront-ils l'impuissance et l'hypocrisie d'Albion, habituée à exploiter notre esprit chevaleresque et notre amour de la paix? Avec l'Angleterre, que l'on s'en souvienne, il faut répondre comme l'a dernièrement fait l'Allemagne au sujet de la Nouvelle-Guinée : « Le gouvernement de sa très gracieuse Majesté la Reine et Impératrice des Indes désirerait savoir jusqu'où l'Allemagne entend étendre ses possessions dans le Nord ?

« Si le gouvernement de sa très gracieuse Majesté avait accordé l'attention qu'il devait aux communications d'un gouvernement ami, il eût dû comprendre que l'Allemagne, maîtresse du Nord, avait porté ses vues à l'Ouest. »

Ainsi à toute demande en partage d'un point quelconque du monde, la seule ligne à suivre est de mettre à l'ombre du pavillon, une plus large portion de la terre en litige.

L'Angleterre criera, mais laissera faire.

Cet avis, applicable à la question de Madagascar, n'est malheureusement pas de mise au sujet du groupe qui nous occupe. La France a donné sa parole, elle doit la respecter jusqu'à ce que l'Angleterre la prie elle-même de tenir pour nulle la convention de 1847 (19 juin).

Espoir légitime en face de la situation dans laquelle l'égoïsme et l'hypocrisie britanniques ont fait tomber les trois royaumes.

Quant à nous, simple pionnier de la civilisation et jaloux de l'honneur de la patrie, nous nous efforcerons de faire connaître à nos concitoyens l'importance que prendront nos établissements de la Polynésie, lorsque le groupe d'îles situé à l'ouest de Tahiti et connu sous le nom d'îles Sous-le-Vent, leur apportera un nouveau contingent de richesses.

Depuis 1815, chaque fois que la France a manifesté le désir de planter son pavillon en pays barbare, l'Angleterre est accourue, comme un bouledogue, cherchant à effrayer de ses aboiements, et au pis aller à happer son morceau.

Quand les circonstances eurent établi notre protectorat sur Tahiti, l'Angleterre assez bien partagée, puisqu'elle possédait déjà la Nouvelle-Zélande, l'Australie, le Fidji, voulut pour elle les îles Sous-le-Vent.

Le système de la paix à tout prix triompha dans l'entourage du roi Louis-Philippe, et nous conclûmes avec le *Foreign-Office* une convention assurant l'indépendance de ce groupe.

Depuis, à plusieurs reprises, le cabinet de Saint-James nous a marchandé les moindres droits résultant de nos relations avec les indigènes, nous faisant acheter chaque concession, ou apparence de concession, par des concessions trop réelles, soit à Terre-Neuve, soit ailleurs.

N'est-il pas temps de mettre fin à ce système bâtard qui répugne à notre caractère franc et loyal, et ne finirons-nous point comme le pataud de la fable à dire une bonne fois pour toutes à l'Angleterre :

> J'aime mieux un franc ennemi
> Qu'un bon ami qui m'égratigne.

Un fait tout récent offre au gouvernement français l'occasion de rompre en visière avec les anciens errements usités sous la législation théocratique inepte de ces îles.

Un jugement vient d'y être rendu en dépit du bon sens contre les échanges; l'autorité française n'a aucun droit d'intervenir dans cette judicature fantaisiste, mais en vertu de notre demi-droit, nous sommes réputés responsables de dits jugements. Ainsi en a-t-il été dernièrement d'un arrêt des juges de Raiatéa contre une maison anglaise d'Auck'land. Il fallut, pour mettre fin à ce conflit, le déplacement du navire français « la Vire », sans remboursement des frais de voyage bien entendu ! l'Angleterre n'a-t-elle pas montré une condescendance royale en ne réclamant pas de dommages-intérêts? Non, encore une fois non, plus de ce système bâtard, plus de ces toiles d'araignées que, dans son vol énergique, l'alouette gauloise aurait dû depuis longtemps emporter avec l'insecte au bout.

Voici un extrait de cette législation ridicule :

1° Tout individu étranger au pays, qui y arrive sans caractère officiel, est immédiatement interrogé pour savoir le but qui l'amène.

A la suite de cet interrogatoire, le voyageur reçoit son permis de séjour, ou doit s'éloigner sans plus tarder.

2° Tout individu placé dans ladite position, peut être réclamé par les représentants de son pays tant qu'il n'a pas été interrogé, mais dès qu'il a subi favorablement cette formalité, il est en sûreté dans l'île et ne peut plus en être enlevé. Le Code pénal de Raïatéa qui est du reste le même pour ses congénères, édicte pour toute infraction à la morale d'assez fortes amendes, partagées entre l'autorité et le dénonciateur, digne inspiration des R. R. anglais.

Du reste, pour que nul n'en ignore, en arrivant à bord du navire, le pilote a bien soin de vous remettre un exemplaire desdits règlements.

Nous avons vu que Tahiti rapporte son berceau à Raïatéa. La légende des îles Sous-le-Vent, complète nos observations; jadis, cinq lunes brillaient au ciel au-dessus du grand Océan; elles avaient des visages humains plus accusés que la lune actuelle, et jetaient des maléfices sur les premiers hommes qui habitaient Tahiti; ceux qui levaient la tête pour les fixer, étaient pris de folie étrange.

Le grand dieu Taoroa se mit à les conjurer, alors elles s'agitèrent, on les entendit chanter ensemble dans l'immensité avec de grandes voix lointaines et terribles; elles chantaient des chants magiques en s'éloignant de la terre; mais, sous la puissance du dieu Taoroa, elles commencèrent à trembler, furent prises de vertige et tombèrent avec un bruit de tonnerre sur l'Océan, qui s'ouvrit pour les recevoir.

Ces cinq lunes en tombant formèrent les îles Borabora, Eiméo, Huahiné, Raïatéa et Toubouaï-Manou.

*Raiatéa* (Princesca de Bonechéa, Uliétéa de Cook, que M. Forster a toujours accusé d'estropier les noms), la plus considérable, est bien la seconde de l'archipel de la Société, dont Tahiti est la première.

Sa position offre à tous les points de vue un panorama délicieux, quoiqu'on n'y remarque pas cette belle verdure, cette extrême abondance, ces ruisseaux limpides si abondants à Tahiti.

En arrivant, on a derrière soi Huahiné et en face Raïatéa, à droite la petite île Tahaa, entourée par un même récif, et dans le lointain les gracieux clochetons rocheux de Borabora.

L'entrée du port principal, Outoumaoro, sur la côte orientale, est des plus agréables avec ses deux îlots bien verts, sentinelles vigilantes, qui indiquent aux navires la voie qui conduit au mouillage.

On y remarque un chantier de construction pour goëlettes et embarcations.

La population assez dense (1,400 habitants) professe le protestantisme. Comme ces insulaires sont encore indépendants, le rigorisme des missionnaires anglais s'y donne libre carrière, et l'on peut dire qu'ils se trouvent dans la situation regrettable à laquelle nous avons arraché les Tahitiens.

Les indigènes sont beaucoup moins débauchés qu'à Papeete, aussi y envoie-t-on, pour cette raison, comme en maison de correction, les femmes et les filles qu'il est impossible de contenir dans notre colonie.

*Huahiné* possède deux bons ports, le principal est celui de Faré ; quant à son orographie, elle se résume dans la haute montagne le Matoériré, dont la base est volcanique.

A Huahiné se rattache un fatal souvenir. A peine

Tombeau des rois de Borabora.

avions-nous établi notre protectorat à Tahiti que le commandant Bonnard, ayant envahi cette île, y éprouva de sérieux échecs en 1845.

L'Angleterre, qui avait préparé notre défaite en livrant aux indigènes un armement européen, s'empressa, comme toujours, d'arrêter notre vengeance par la convention de 1847.

A l'instar de Tahiti, Huahiné possède une route circulaire qui rayonne vers les différents villages de l'île. Elle possède également une école, une maison communale, servant aussi à l'exercice du culte protestant.

*Borabora*. — (San Pédro de Bonechéa) Bolabola de Cook, est la plus petite de ces trois îles. Elle a une montagne centrale, le pic Pahia (1,200 mètres). La chaîne extérieure de ses brisants, au lieu d'être tantôt sous-marine, tantôt à fleur d'eau, ici unie, là couverte de végétation, est toute plantée de pendanus et de cocotiers, ce qui l'a fait comparer à un bouquet ceint d'une guirlande de verdure.

Son port, Vaitapé ou Beulah, se trouve dans une situation ravissante et est dominé par un pic de 730 mètres.

Les produits de ces îles *Sous-le-Vent* sont les mêmes que ceux de Tahiti, mais les fruits y mûrissent plus tôt.

*Mottu-iti* est un groupe d'îlots bas et couverts de bois, et dépend avec Mapiha et Tubuai-Manou de Borabora.

*Maupiti* ou *Maurua* n'est remarquable que par son pic.

L'inaccessible *Tethuroa* servait autrefois, dit-on, de citadelle au roi de Tahiti, pour y conserver son trésor; elle est composée de cinq îlots bas et insignifiants; on vante sa salubrité et ses eaux thermales.

Les îles *Scilly* ou *Bellinghausen* n'ont pour habitants que des oiseaux de mer.

Raïatéa, Tahaa et Borabora, peu éloignées les unes

des autres, jouissent aux yeux des Maoris d'une gloire mythologique.

A Borabora, Oro descend des cieux et trouve la belle Vaia Aummate. A Raïatéa, il institue la fameuse société des Arioïs; de Raïatéa, Hiro part à la recherche du Maroourou. C'est là qu'il bâtit les premiers Maraés où l'on conservait les archives sacrées et profanes. En un mot, Raïatéa fut, pour les Polynésiens, ce qu'est Rome aux chrétiens, la Mecque aux musulmans. Mais la souveraineté politique semble avoir appartenu à Tahiti.

Pour ne pas nous répéter, nous ne toucherons à l'histoire de cette dernière île qu'autant qu'elle se trouvera mêlée à celle du groupe qui nous occupe.

Borabora et Raiatéa se disputaient la possession de Tahaa, devenue tour à tour pour l'un ou pour l'autre parti, le boulevard de la défense, ou le coin enfoncé dans les flancs de l'ennemi.

Cook vit établir la suprématie de Borabora sous le chef Pouni, que ses vassaux renversèrent bientôt, il nous parle aussi des représentations théâtrales des Arioïs. Notre lecteur pourra se reporter à l'extrait que nous en avons donné page 112. C'est également dans cette île que ce navigateur acheta l'ancre perdue par Bougainville.

En 1800, né de l'esprit d'égalité que nous avons vu présider au collège des Arioïs, un parti libéral national s'éleva à Borabora et prit pour chef Tapoa, petit-fils de Pouné, qui réduisit Tahaa, Raïatéa et Huahine. C'est ce prince que nous avons vu épouser la reine Pomaré (1) et en être répudié.

Un instant on put croire que l'archipel tahitien

---

(1) Voir page 112.

allait passer tout entier sous les ordres d'un roi. Ce chef avait même jeté les yeux sur Tahiti, nous avons vu qu'il y commandait les contingents de Huahine, de Raïatéa et de Borabora, quand un soulèvement de ses sujets, qui craignaient pour leur liberté, ne lui laissa plus que la souveraineté de Tahaa. Heureusement pour les Pomaré, Tapoa mourut, et la dynastie de Otou recueillit l'héritage du grand chef de Borabora.

Quand les Tahitiens adoptèrent le christianisme, les missionnaires protestants anglais s'établirent également aux îles Sous-le-Vent; exploitant la ferveur des néophytes, ils y firent régner l'ascétisme et la terreur. Là, le péché se confondait avec la violation de la loi. Nous emprunterons à l'excellent ouvrage de M. Moerenhout, témoin oculaire, quelques traits caractéristiques de cette tyrannie : « Dans toutes ces îles on poussa la sévérité beaucoup plus loin qu'à Tahiti, et il faut le dire, beaucoup trop loin; car on y connut même la torture, presqu'une véritable inquisition. Si une femme était soupçonnée de quelques écarts de conduite, on lui mettait autour des reins, le nœud coulant d'une grosse corde qu'on tirait par les deux bouts et qu'on serrait jusqu'à ce que l'infortunée avouât sa faute et dénonçât son complice, genre de tyrannie dont il y a quelques exemplaires même à Tahiti. Mais le pis c'est que lorsqu'elle était convaincue, on la tatouait de certaines marques sur la figure... On voyait, il y a peu de temps encore, nombre de femmes et de filles en cet état, chose horrible pour les habitants des îles de la Société ; aussi ces marques qu'elles emportaient au tombeau perpétuaient leur haine; elles n'attendaient que le moment de la vengeance.

Je sais que les missionnaires anglais ont toujours prétendu que ce n'était pas eux qui ont établi ces lois tyranniques; cela est possible, mais il est difficile de croire qu'à cette époque ils n'aient pas eu le pouvoir de les abolir ou d'en empêcher l'exécution. S'étant trompés sur l'état de ce peuple, ils n'avaient dans le principe que trop exagéré le bien du changement qu'ils avaient opéré, et quand ils découvrirent leur erreur, ils voulurent à tout prix arrêter les désordres naissants ; voilà le mot de l'énigme. »

Depuis lors, l'histoire des îles Sous-le-Vent ne nous offre guère d'intéressant que l'échec à Huahiné (1845) du commandant Bonnard qui voulait étendre le protectorat et une guerre civile atroce (janvier 1859) à Raïatéa, qui amena le gouverneur de Tahiti à prendre un arrêté prescrivant une forte amende à tout navire y introduisant des armes.

L'indépendance de ces îles ayant été garantie en 1847, voilà ce que les indigènes de cette île firent de leur liberté.

Enfin en 1878, la société commerciale d'Océanie de Hambourg qui possédait à Raïatéa un comptoir assez important, faillit par ses démêlés avec les indigènes provoquer l'annexion à l'Allemagne.

Mais les Maoris abattirent le drapeau allemand, et il fallut l'intervention du navire français « le Segond » pour empêcher le massacre des trafiquants germaniques.

Ce dernier trait n'indique-t-il pas à nos gouvernants la nécessité d'accorder aux îles Sous-le-Vent les mêmes bienfaits qu'à Tahiti ?

Aujourd'hui la politique allemande nous semble favorable, il importe d'en profiter, car si les vicissitudes politiques amenaient un revirement, la prise de possession de la Nouvelle-Guinée et des îles Samoa, le traité conclu avec l'Angleterre, fourniraient à l'Allemagne une base d'opérations qu'elle n'avait point alors. Espérons que bientôt le pavillon semi-indépendant, pavillon de l'ancien protectorat à Tahiti, à bandes blanches et rouges avec le yacht protecteur français, ne tardera pas à être amené, franchement remplacé par le drapeau tricolore.


## ARCHIPEL TUAMOTU OU DES ILES-BASSES.


Les îles *Tuamotu* (Touamotou) autrefois Pomotu, ancienne colonie de Tahiti, leur berceau d'origine, lui étaient restées assujetties. Bien que d'une population supérieure à celle de la mère patrie, elles ont gardé pour elle une sorte de respect religieux, revendiquant ainsi leur liberté.

Au commencement du régime du Protectorat, les chefs indigènes des Tuamotus protestèrent énergiquement auprès du commandant Bonnard contre l'appellation honteuse de Pomotu (îles soumises) et demandèrent à être désignés dorénavant sous le nom de Tuamotu (îles lointaines) par rapport à l'étendue du protectorat.

Cet archipel, appelé aussi l'Archipel des îles Basses, ou encore Archipel Dangereux, a été découvert par F. de Quiros, et le lecteur a vu à ce sujet la discussion géographique soulevée au sujet de l'une d'elles (1).

(1) Voir page 4.

Placées à l'est de Tahiti, elles occupent une étendue du nord-ouest au sud-est de près de 250 lieues entre le 139° et le 151° de longitude sur une largeur de 200 lieues entre le 14° et le 23° parallèle de latitude sud, et sont au nombre de quatre-vingts : les unes habitées, les autres parfois désertes, nous disons parfois, car à certaines époques de l'année, surtout au moment de la pêche, la population voisine les envahit.

Il s'ensuit que les unes ont reçu du gouvernement une sorte d'organisation et que les autres ont été complètement négligées. La superficie des Tuamotus est d'environ 86 000 hectares. Au dernier recensement sa population était de 7,270 habitants.

Certains géographes ont voulu voir dans la Polynésie un continent submergé par un cataclysme analogue à celui de Java, et considèrent les Tuamotus comme les pics en voie d'immersion d'une partie de ce continent.

Mais toutes ces îles à l'exception de Makatéa, de Tikei, de Rekareka, ne sont que de longs récifs madréporiques de 400 à 500 mètres de largeur, entourant en quelque sorte un lac intérieur auquel on a donné le nom de lagon.

En partie à fleur d'eau, en partie à quelques mètres seulement au-dessus du niveau de la mer, ces longs récifs sont accores et n'offrent aucun mouillage, tandis que du côté intérieur ils s'abaissent en pente douce jusqu'à de grandes profondeurs.

Ainsi formés par de véritables digues de corail, quelques-uns offrent des ouvertures ou passes, donnant accès à des bâtiments de toutes grandeurs ; malgré leur largeur il n'est pas toujours prudent de s'y engager.

Lorsque la mer est grosse, à l'époque des syzygies, l'eau déversée dans le lac par-dessus les récifs s'augmente d'abord du flot et, s'échappant ensuite par les passes au moment du jusant, établit un courant d'une grande violence.

La plus grande partie des cercles n'offrent aucune

Un indigène des îles Tuamotus et sa lunette à plonger.

passe aux embarcations. On est obligé de les porter sur les récifs afin de les faire pénétrer dans le lac.

Les quelques ports qu'on rencontre sont réservés au cabotage du pays.

Toute l'histoire de cet archipel est contenue en

germe dans la légende du génie *Maui*, tirant de la mer les îles de la Société en les pêchant à la ligne, tandis qu'un autre génie *Tekurai-te Atoa* formait à grands coups de trompe les îles Pomotu, soulevant les flots de l'Océan, y amoncelant les sables par endroits en faisant des lagons. L'île d'Anaa (chaîne) choisie par ce terrible frondeur, fut rendue inabordable par des oiseaux génies habitués à faire sombrer sous le battement de leurs ailes le navire assez audacieux pour affronter la colère du grand *Tekurai-te Atoa*.

Plus tard l'illustre Mapu, guerrier de l'île Takoumé, soumit ces génies et Anaa devint le théâtre de luttes sanglantes, régulièrement suivies de révoltantes scènes d'anthropophagie.

Puriono à la tête des guerriers de Fakarera, Kaukura et Rairoa perdit la victoire et la vie dans une invasion malheureuse et, pendant de longs repas, la chair humaine figura en première ligne sur les tables des guerriers d'Anaa.

Plus tard Tanearu, chef de Huahine, débarqué à Tuhaura, s'empara du frère de Maéna et l'allait manger quand il s'évada.

Maengatuira, rassemblant à la hâte une armée de Tacopotos et de Takaroas, massacra les Anaéens infidèles. Poursuivant sa vengeance, ce belliqueux chef soumit successivement toutes les Tuamotus dont les bannis se refugièrent à Tahiti.

Les chefs d'Anaa venus pour les réclamer se heurtèrent à la résistance du gouvernement de Pomaré qui, après avoir négocié le retour des proscrits, envoya des missionnaires convertir l'archipel et le rattacha à sa monarchie.

Le protectorat l'ayant trouvé parmi les possessions

de la famille royale, y a fait en même temps flotter son pavillon, et la réunion à la France s'est opérée au même titre et par le même acte que celle de Tahiti.

La météorologie de l'archipel Tuamotu n'est point précisément la même qu'à Papeete, souvent ces îles sont visitées par des cyclones.

Voici un aperçu du dernier (8 février 1878) : à Tepukéhua des forêts de cocotiers ont été abattues, les cases enlevées comme des fétus de paille, le village envahi par la mer, et deux navires, qui s'y trouvaient à l'ancre, furent brisés en mille morceaux.

A Anaa, alors le siège de la Résidence, l'hôtel du Résident, les magasins du gouvernement, tout enfin, sauf l'église catholique et deux ou trois maisons, fut balayé par le tourbillon. Le seul village de Tunuhoro à lui seul perdit 112 000 cocotiers.

A Kaukura 117 personnes, qui cherchaient à fuir sur des embarcations, perdirent la vie dans les flots. Un seul homme réussit à se maintenir à la pointe d'un rocher.

Dans une autre île un seul enfant perché à la cime d'un cocotier, seul arbre épargné par l'ouragan, resta l'unique et miraculeux témoin du désastre de son village.

Le peu de terre arable que les détritus avaient formé avec le temps fut lavé en partie et entraîné par les eaux qui en se retirant, comme pour ajouter encore à l'horreur du sinistre, laissèrent à nu dans les cimetières les cadavres depuis longtemps inhumés.

Heureusement un tel cataclysme ne se renouvelle pas souvent ; jamais de mémoire d'homme une telle calamité ne s'était abattue sur ces îles.

Pauvre Anaa ! pour toi le désastre s'augmentait en-encore de la perte de ta prépondérance, comme siège du résident, le lieutenant de vaisseau G..., à qui tes malheurs avaient troublé la raison ; répands en l'honneur de ce brave des larmes bien méritées, mais ne déplore plus ta grandeur déchue !

Tôt ou tard Takareva au large port de Rotaava, occupant une position plus australe, offrant un bon mouillage aux bâtiments, qui se voyaient obligés de rester sous voiles comme des pestiférés au seuil de tes passes, devait t'enlever cet honneur.

Garde cependant, pauvre Anaa, une délégation de la Résidence, faible compensation de l'immensité de ton malheur, et si quelque considération peut adoucir ta blessure, sois fière, ta rivale n'a pas été jugée digne de recueillir toute la gloire, Mangareva, elle aussi, la partage.

La même législation, la même organisation judiciaire et financière a été appliquée à ces îles, et nous avons le devoir de constater le profond attachement des indigènes des Tuamotus pour la France, et leur supériorité sur les Tahitiens, soit dans l'emploi de leur force physique, soit dans la manifestation de leurs sentiments.

Malheureusement le Tuamotu, jeté sur ces rochers stériles ou dévastés par le cyclone, ne peut vivre qu'à force d'énergie, de patience et de sobriété. Comme si la nature eût voulu se montrer à son égard marâtre à merci, ses plages sont souvent infestées de poissons toxiques, de telle sorte qu'il ne leur reste d'autres vivres que le coco, le cochon et quelquefois aussi le chien. Privés même d'eau douce, ils n'ont d'autre boisson que l'eau des citernes et la liqueur du coco.

Certes, si l'on doit pardonner aux peuplades barbares leur ancienne anthropophagie, nul n'a le plus droit au pardon que ce Tuamotu si bon, si doux, si hospitalier, qui ne demande qu'à vivre en travaillant. Intrépide plongeur, marin habile que ses besoins rendent nomade, emmenant avec lui sa famille, sa fortune, quelques chèvres chétives, quelques chiens étiques et ichthyophages, il va d'île en île, d'îlot en îlot, à la pêche de la nacre, son principal moyen d'existence.

Hommes, femmes, enfants, tout plongent à faire honte aux scaphandres.

Il est trois femmes bien connues dans l'archipel, qui n'ont leurs pareilles dans aucun pays ; elles vont explorer les fonds de 25 brasses et n'y restent pas moins de trois minutes sans revenir à la surface.

Point n'est besoin pour le Tuamotu des précautions que prend l'Indien pour la pêche dans le golfe Persique et à Ceylan, ni l'Européen, qui pour fouiller les profondeurs de la mer, se sert du scaphandre ; ses seuls préparatifs consistent quelques instants avant la plonge à faire fonctionner fortement ses poumons par d'énergiques mouvements d'inspiration et d'expiration, puis dégagé de tout vêtement, la tête recouverte d'une lunette, il se laisse choir au fond de l'eau, les pieds les premiers sans que ceux-ci soient munis d'aucun poids. Il peut descendre ainsi de 25 à 30 brasses et y rester deux et même trois minutes, et une fois sa cueillette faite, il remonte à la surface avec une incroyable promptitude. La lunette dont se sert le Tuamotu, destinée à examiner les fonds qu'il doit explorer, se compose de quatre planches, longues de 40 à 45 centimètres, larges de 25 à 30, formant une chambre dont l'une des deux extrémités est pourvue d'un verre, l'autre extrémité ouverte pour laisser pénétrer la tête de l'observateur. On applique la partie vitrée à la surface de l'eau, afin d'en effacer les rides ; la limpidité et la transparence des eaux étant sans égale, ce simple appareil suffit à découvrir les huîtres que l'indigène doit aller chercher.

Parfois un requin vorace dévore un des plongeurs! un instant cesse la pêche, mais la faim hurle dans les entrailles. Allons, brave Tuamotu, précipite-toi dans les abîmes de l'Océan, pour lui arracher cette nacre et ces perles fines au prix desquelles le luxe européen assurera ta famélique existence.

Que deviendrais-tu, si quelque caprice de la mode venait à leur retirer la vogue? que deviendrais-tu si ton archipel trop longtemps exploité, sans art et sans merci, venait à s'épuiser? Hélas! tes lagons s'appauvrissent de jour en jour, la nacre se fait rare. Adieu la pêche! Adieu la vie!

Mais ce n'est pas en vain qu'a flotté sur tes atolles, le pavillon du protectorat! ce n'est pas en vain que par l'acte du 29 juin 1880 (1), la France, fière de ton énergie et de ta fidélité, t'a reconnu pour un de ses enfants et nous a ordonné de pratiquer à ton égard la bienfaisance et la fraternité. L'un des premiers savants en ostréiculture, M. Bouchon Brandely, a reçu mission d'étudier le repeuplement des bancs épuisés, et la création de bancs artificiels analogues à ceux qu'il a fondés en France, sur divers points de l'Atlantique.

Écoute! pauvre frère océanien, et tressaille déjà aux promesses de l'avenir (2).

« 1° L'huître à nacre, détachée de son collecteur naturel, peut-elle s'attacher à un collecteur artificiel? Est-elle susceptible de se développer sans le secours d'aucun collecteur?

(1) Ratifié le 30 décembre 1880 par les Chambres françaises.
(2) Extrait d'une lettre adressée par M. Bouchon Brandely au gouverneur des établissements français en Océanie, et publiée par le *Journal officiel* du 10 janvier 1885.

« 2° Peut-elle grandir dans des caisses dites, ostréophiles ?

« L'agglomération d'un assez grand nombre de sujets dans une même caisse ne détermine-t-elle pas de mortalité parmi ses sujets ?

« 3° Quel est le mode de reproduction de l'huître pintadine (1) ?

« Quel est l'âge où elle est apte à la reproduction ?

« Peut-on recueillir le frai à l'aide de collecteurs artificiels ?

« En ce qui touche le premier point de ce programme, voici ce que les expériences ont démontré. Toutes les huîtres décollées avec soin de leur collecteur naturel, c'est-à-dire celles dont le byssus n'avait pas été arraché de son point d'adhérence et que nous avions enfermées dans des caisses ostréophiles, se sont fixées à nouveau en un, deux ou trois jours, sur les corps résistants placés à proximité des rameaux de leur byssus ; sur les caisses, sur les huîtres voisines et sur les cailloux. Celles qui ne se sont pas fixées ne sont point mortes, mais elles semblent avoir moins profité.

« En ce qui concerne le second point, nous avons constaté que les sujets déposés dans les caisses avaient grandi dans des proportions inespérées.

« Des bourgeons d'une extrême vigueur, indices certains d'une croissance rapide, recouvraient les bords extérieurs de la coquille.

« Il n'y a point eu de mortalité, résultant de l'agglomération. Sur trois ou quatre cents huîtres placées en caisses à Takarava, deux seulement ont succombé, encore l'une des deux avait-elle été perforée dans une expérience spéciale.

(1) Espèce de l'huître perlière.

« Enfin pour ce qui est de la sexualité des huîtres à nacre, de l'âge auquel elles sont aptes à l'accomplissement des fonctions génératrices de leur mode de reproduction, nous avons reconnu : que ces mollusques étaient entièrement unisexués, c'est-à-dire entièrement mâles ou entièrement femelles, et non hermaphrodites, ainsi qu'on l'avait supposé par erreur, que comme presque tous les mollusques du même genre ils pouvaient se reproduire dès l'année qui suit leur naissance, que la capture du frai au moyen de collecteurs n'offrait point de difficultés. C'est ainsi que nous avons trouvé à Aratika, fixées aux caisses où étaient renfermées nos élèves depuis un mois seulement, un assez grand nombre de naissains fraîchement éclos, qui n'avaient pu être engendrés que par les sujets adultes déposés dans l'intérieur de ces mêmes caisses.

« Dans le rapport que je dois adresser à M. le Ministre de la marine et des Colonies, pour lui rendre compte de ma mission, j'exposerai les diverses phases par lesquelles ont passé nos expériences et déduirai de mes observations scientifiques les conséquences qui en découlent, tant au point de vue économique qu'au point de vue industriel et commercial.

« Mais comme vous, je pense, Monsieur le gouverneur, qu'il est utile et avantageux de faire connaître dès à présent les conclusions auxquelles je serai amené dans ce rapport.

« En premier lieu, en me basant sur ce fait bien acquis que l'huître est unisexuée, j'estime que l'on peut non seulement entretenir la fertilité permanente des lagons des Tuamotu, mais les régénérer et les soumettre à une exploitation régulière et fructueuse.

« J'estime en outre qu'en se conformant aux indi-

Vue de Mangareva (îles Gambier).

cations sûres fournies par la science et la pratique, qu'on peut créer dans ces pays, aux îles Tuamotu comme aux îles Gambier, à Tahiti comme à Mooréa pour la culture méthodique et rationnelle des huitres à nacre, une industrie analogue à celle, si prospère, qui existe aujourd'hui sur les côtes de France, pour la culture des huîtres comestibles, et constituer, ainsi au profit de la colonie, un monopole industriel qu'aucun autre pays ne pourra lui disputer, car il est difficile de rencontrer ailleurs un ensemble de conditions naturelles plus favorable. »

Puisque l'exploitation du sol est impossible au point de vue agricole proprement dit, le gouvernement, éclairé par M. Bouchon Brandely, a résolu afin d'attirer dans ces îles la colonisation, d'accorder des concessions maritimes destinées à créer des parcs à huîtres.

La population des îles Tuamotu est supérieure même à celle de Tahiti.

Dans quelques îlots la civilisation n'a pas encore pénétré. Tant sauvages que demi-civilisés, l'archipel comprend 7,270 habitants provenant d'un croisement entre émigrés tahitiens et marquesans jetés par la tempête sur ses côtes désertes, ou débris d'une grande invasion dont les annales des prêtres nukahiviens ont gardé le souvenir, aussi participent-ils de cette double origine.

Comme le Tahitien, le Tuamotu est remarquable par la beauté de ses formes et par son intelligence ; comme le Marquesan, il a le caractère rude et une force considérable de résistance au travail.

Il en résulte dans ses mœurs une pureté relative qui en fait presque l'égal des pêcheurs bretons ou normands.

Il aime son intérieur et il s'est montré réfractaire à la polygamie, malgré une mission mormone existant encore aujourd'hui.

Si la race tahitienne vient à s'éteindre peu à peu, avant que le croisement avec l'Européen ait eu le temps de former, de constituer une race dérivée possédant les qualités de ses éléments générateurs, il faudra se contenter d'européaniser seulement au moral le robuste, patient et intelligent Tuamotu, qui tient, lui, à gagner le pain qu'il mange et a adopté pour devise : vivre en travaillant.

Du reste, l'administration des colonies, que l'on a l'habitude de dénigrer en France souvent sans aucune raison, a parfaitement compris son devoir en ce qui conrcerne les Tuamotus. Des écoles tenues par des instituteurs européens, des instituteurs indigènes, une mission catholique, une école de pilotage semblent devoir assurer à la génération future une civilisation d'autant plus développée que le caractère et les mœurs des indigènes s'y prêtent davantage.

Nous citerons pour mémoire leurs anciennes traditions sur l'immortalité de l'âme. Ils croyaient, comme les Tahitiens d'ailleurs, la terre composéee de trois couches, ayant chacun un ciel particulier, la couche supérieure destinée aux âmes heureuses, la couche du milieu aux êtres vivants et la couche inférieure aux âmes en peine. C'était à peu de chose près la doctrine catholique et l'on comprend les faciles progrès du christianisme parmi ces peuplades.

Autre rapprochement, non moins curieux ; si l'on a dit souvent du Français qu'on le reconnaîtrait sur un *iceberg* en dérive, en voyant danser un naufragé, le Tuamotu sous ce rapport est bien notre frère ! On le vante à juste titre comme le plus intrépide chorégraphe de nos possessions en Océanie. Mais ses danses ont moins d'analogie avec celles de nos salons qu'avec nos anciennes et franches sauteries populaires : bourrée, javote, etc.

Moins frivoles qu'à Tahiti, elles se distinguent par la grâce et la variété des mouvements. L'artiste pratique deux espèces de danse ou plutôt de posture. La première se danse assis sur les talons et consiste à garder l'équilibre, tout en agitant rapidement les pieds et les mains ; la seconde, mieux adaptée aux mœurs européennes, donne lieu à des pantomimes exprimant la passion à toutes ses périodes : c'est pour ainsi dire la comédie et la tragédie chorégraphique.

Il y a peu de chose à dire de leur agriculture. Vainement voudrait-on demander à ces rochers autre chose que le cochléaria, le pourpier, la noix de coco et le fruit du pendanus. Encore le cyclone de 1878 a-t-il considérablement diminué les ressources que procuraient ces deux derniers et nous ne saurions vraiment pas quel article le pauvre Tuamotu pourrait échanger avec les navires de passage, si l'huître nacrière et perlière ne se cachait dans ses lagons, car quelques chèvres chétives, quelques cochons famélilques, quelques chiens étiques, quelques poules en quête d'un grain trop rare, voilà tous les représentants du règne animal.

On trouve cependant quelques croupes, quelques perruches communes, le merle siffleur, la mouette, le pluvier ou chevalier.

En attendant que les nouvelles pousses de cocotiers permettent à l'indigène un trafic, qui s'élevait avant le cyclone à plus de 60,000 francs par an, il a essayé l'exploitation du poisson salé, mais faute de débouchés, cette industrie périclite.

## ARCHIPEL DES GAMBIER.

Les îles Gambier furent découvertes en 1797 par Hilson, qui leur donna le nom du chef de sa mission; revues en 1826 par Bechey, qui trouva dans les indigènes de féroces anthrophages. Évangélisées en 1836 par la mission des frères de Picpus à Mangareva, elles eurent aussi à entendre les prédications des Mormons qui vinrent peu de temps après s'y installer.

Cet archipel, situé entre 137°,15' et 137°,25' de longitude ouest, et de 23° à 23°,14 de latitude, se compose de dix îlots dont quelques-uns, particulièrement ceux du sud-ouest, ont une assez grande élévation. Elles ont une superficie de 3,000 hectares.

Cinq d'entre ces îles : Mangareva, Aukena, Okamaru, Okakawitaï, et Taravaï forment un cercle qui circonscrit un lagon intérieur de 18,000 hectares. La sixième, l'île Crescent, est en dehors du groupe.

Les îles Gambier qui terminent les îles Tuamotus, dans le sud-est, en étaient distinctes sous le rapport physique et politique et n'avaient jamais été sous la domination des Pomaré.

Une ordonnance du Gouverneur des établissements français, en date du 13 février, réorganisa la résidence des îles Gambier et une autre, du 14 mars 1881, porte que les îles de l'archipel Tuamotu, situées à l'est du 142ᵉ degré de longitude ouest du méridien de Paris, à l'exception de l'île Puka-Puka, y seront à l'avenir rattachées politiquement et administrativement.

Par exception, l'île Tematangi, située à l'ouest du 142°, est aussi attachée à la même résidence.

Les missionnaires catholiques nous ont donné les îles Gambier, comme ils nous avaient donné la Nouvelle-Calédonie.

En conseillant les principaux chefs indigènes de se placer sous notre protectorat, l'amiral Dupetit Thouars envoya la frégate *la Charte* en prendre possession.

Cette ingérence politique des pères de Picpus, tout puissant sur l'esprit fanatique des Gambiers, a obligé le gouvernement à les prendre pour délégués officiels de la France, jusqu'au jour où l'on nomma un résident à Rikitea, chef-lieu de l'île Mangareva.

Cette île, la principale du groupe est assez agréable.

Le mont Duff, qui la termine au sud, a 400 mètres de hauteur; le mont Mokolo presqu'aussi élevé, a la forme d'un cône à peu près régulier.

A Rikitea, siège de la résidence, se trouve une jetée qui enclot un vivier appartenant à la famille royale et qui offre un débarquement facile.

On y remarque une église construite en pierres, et l'une des plus remarquables de l'Océanie.

Son port reste ouvert aux navires au long cours, sous la défense formelle cependant d'y trafiquer les boissons.

Les îles Gambier, plus hautes que les Tuamotus, sont également infertiles. N'ayant point eu à souffrir du cyclone de 1878, elles ont conservé leurs forêts de cocotiers et de pendanus, exploitées d'après des procédés tout à fait primitifs.

Possédant autrefois une population de 2,500 habitants, elles ont vu réduire ce chiffre à 1,100 habitants (1). A quoi attribuer une si épouvantable dégénérescence? C'est à l'anthropologie de répondre! De même qu'en chimie, il suffit quelquefois d'augmenter la proportion d'un des éléments constituants pour détruire un sel ou une base, et même par l'effet d'une simple présence, certains corps, en vertu de la force catalytique, produisent le même résultat, mettant en liberté les éléments constitutifs d'un corps.

Ainsi l'apparition des Européens, même sans autre action que leur propre présence, a déterminé dans certaines familles malayo-polynésiennes une décomposition précoce et l'on peut envisager comme un triomphe l'arrêt de la dégénérescence chez les Tahitiens et le maintien du *statu quo* chez les indigènes des îles Tuamotu. Mais nulle part l'influence pertubatrice ne s'est accusée aussi fatalement qu'aux îles Gambier.

C'est sous forme de phtisie, maladie à la fois morale et physique, que se manifeste ce phénomène de destruction.

L'influence de la France s'étant affirmée de jour en jour, on jugea utile de faire succéder le gouvernement militaire au gouvernement religieux et on nomma un résident.

Malgré le peu de fertilité du sol, l'administration a cru devoir former un comité agricole sous la présidence du résident et composé de quatre habitants notables.

Nous ne croyons pas utile de nous livrer à de plus longs détails sur ce groupe dont l'importance numérique équivaut à celle de 5 ou 6 hameaux très étendus, mais

(1) Dont 547 seulement pour les îles annexées à la France.

Vue prise à un mille de l'île Raivavae (groupe des Tubuai).

sans autres ressources que la vente du coprah et la pêche de l'huître perlière.

## ILES TUBUAI.

En sortant de Tahiti, si vous vous dirigez, non plus à l'ouest, mais au sud-est, vous rencontrerez par 23°,19' de latitude sud et 152° de longitude ouest, comme les autres îles de l'Océanie, entouré d'une chaîne de récifs, le petit groupe des Tubuaï, composé de l'île Tubuaï proprement dite, de Raïvavae ou Vavitu au sud-sud-est de Tahiti, appartenant à la France, de Rurutu et Rimatara au sud-sud-ouest, et d'un grand nombre de petits îlots encore indépendants.

Ces îles sont hautes et ont par leur aspect une ressemblance générale avec Tahiti et Mooréa, l'étendue ne passe pas un tiers de mille carré.

Les naturels présentent, à peu de chose près, le même type que ceux des îles Gambier. Plus robustes, ils paraissent cependant montrer plus de résistance au travail. La population indigène s'élève à 679 habitants (1).

L'organisation administrative, politique, judiciaire, civile et religieuse est celle que nous avons indiquée pour les îles Tuamotus et Gambier.

Elle est confiée à un gendarme qui remplit les fonctions de chef de poste sous le contrôle du commandant d'une goëlette appartenant à la station locale de Tahiti

(1) Pour les îles annexées à la France.

chargée de visiter cette possession à de fréquentes reprises.

Pas plus dans ces îles que dans celles que nous venons de citer, le sol n'est cultivable. Cependant, les indigènes se livrent au commerce du bois de fer et à l'élevage du porc et de la volaille dont ils approvisionnent le marché de Papeete et les navires de passage.

## ILE RAPA OU OPARO.

Encore plus au sud de Tahiti, par 27°,38' de latitude sud et 146°,30' de latitude ouest, gît le misérable îlot de Rapa, appelé cependant à jouer un grand rôle. Ses dimensions ne passent pas 12 ou 15 kilomètres du nord au sud et 10 à 12 de l'est à l'ouest ; elle peut avoir 30 ou 40 kilomètres de circuit.

A l'époque où la France établit sur ses 176 habitants son protectorat en 1847, et même à l'époque où elle s'en empara définitivement, en 1880, Rapa avait déjà une certaine importance. Elle est une escale sûre aux navires de passage allant d'Australie en Amérique et en outre elle sert de dépôt de charbon pour les bateaux courriers de la ligne Sydney-San-Francisco. On prétend même qu'elle renferme dans ses flancs des gisements de houille, mais malheureusement trop friable.

Son port est affranchi de tous droits.

Nous nous plaisons à constater l'inutile convoitise des colonies australiennes anglaises, frustrées dans leur désir d'y établir pour leur compte le premier point de relâche entre Panama et l'Australie.

Trop tard, Messieurs, la place est prise!

Hâtons-nous de protester contre la tendance accusée par l'Administration de négliger Rapa. D'abord siège d'une résidence (1867-1869), elle se l'est vue retirer, et c'est à peine si on lui accorde un chef de poste, qui est au résident ce qu'est en France l'adjoint spécial au maire de la commune véritable.

Administrativement, on divise l'île Rapa en un district, Ahureï au nord-est; le district d'Ahureï, en deux sous-districts: les sous-districts d'Aréa et Tubuaï-Rapa.

Évangélisés par la mission protestante, ayant pour pasteur un des leurs, les naturels de Rapa parlent tous la langue maorie; ils sont relativement très avancés en civilisation.

Un fait digne d'être signalé, car il est rare dans ces contrées, c'est que jamais ils n'ont témoigné de goût pour le tatouage, cet insigne de la barbarie.

Ils se gouvernent et se laissent gouverner assez facilement par leurs chefs, assistés de conseillers, instituteurs, juges, caporal Mutoi, et procurent aux navires des pilotes sûrs et expérimentés.

Au point de vue agricole, l'île Rapa n'a aucune importance; on n'y trouve cependant la noix de bancoule, l'arbre à pain; le coco n'arrive pas à maturité.

La température moyenne y est bien inférieure à celle de Tahiti; aussi pense-t-on qu'avec un peu de soin et de persévérance, on réussirait à y récolter la plupart des végétaux d'Europe. Nous avons vu que tout son commerce consiste dans l'entrepôt de charbon de terre.

## ILES MARQUISES OU ILES DE MENDOZA.

### I

Entre les parallèles 7°,50' et 10°,30' latitude sud et les méridiens 141 à 143°, longitude ouest méridien de Paris, à 250 lieues marines, environ, nord-est de l'île Tahiti, s'étend un archipel composé de onze îles ou îlots, formant deux groupes séparés l'un de l'autre par un long et large canal de 25 lieues, qui va du sud-est au nord-ouest.

Pour la première fois y aborda en 1595 l'amiral espagnol Mendana sur la corvette *Capitane*, cinglant sur les îles Salomon, récemment découvertes.

Accueilli avec joie à Omoa (Fatu-Hiva), il réprima avec une atrocité révoltante quelques larcins des indigènes et reconnut les autres îles du groupe sud-est : Tauata (Sainte Christine), Hiva-Hoa (La Dominique), Fatu-Huku, Motané (Saint-Pierre), Fatu-Hiva (Sainte-Magdeleine).

Il donna à ces îles le nom d'îles *Marquises de Mendoza*, en l'honneur de la femme du vice-roi du Pérou, qui lui avait confié la mission objet de son voyage.

De 1595 à 1774 il n'est fait mention d'aucun navire européen, ni dans les annales du peuple marquesan, ni dans les relations de voyage des navigateurs.

Cook visita les îles Marquises en 1774, mouillant à Tauata dans la baie de Vaitahu, et trouve un accueil aussi chaleureux que Mendana, dont probablement la cruauté avait fini par s'effacer du souvenir des naturels. C'est un des rares endroits du Pacifique où le grand navigateur anglais ne marqua pas son passage par du sang.

En 1791 Ingraham, sur le *Hope*, découvrit le groupe nord-ouest qu'il nomma îles Washington. A peine en était-il parti qu'y abordait le *Solide*, de Marseille, capitaine Marchand, le 22 juin 1791.

Mouillé à Vaieo, Marchand prit possession au nom de la France, le 22 juin 1791, de cette île et des îles voisines dans la direction du nord. Il donna à la plus grande, *Nuka-Hiva*, le nom de Baux son armateur, et nomma cet archipel : *Iles de la Révolution*.

On voit que l'on peut tenir à juste titre les îles Marquises pour la première de nos possessions polynésiennes.

En mars 1792 l'Anglais Hergest, à bord du *Dédalus*, passe à Vaitahu pour ravitailler Vancouver. Il revint en 1793 à Taiohae, où il laissa d'excellents souvenirs.

Roberts, commandant le *Jefferson*, et battant pavillon américain, séjourna la même année quatre mois à Vaitahu.

Notons le passage du *Duff*, en 1797, équipé par la Société des missionnaires de Londres, qui laissa à Vaitahu les R.R. Wilson, Harris et Crook.

Mais une rivalité sanglante s'engagea entre les clergymen et un déserteur italien, après une guerre atroce à Hiva-Hoa, et à Taonata, Crook dut se rembarquer sur le *Betsey*.

Ayant échoué dans une nouvelle tentative à Hapu et à Nuka-Hiva, Crook repartit pour Sydney (Australie), d'où il remena quatre teachers indigènes tahitiens plus propres à communiquer ses idées aux Marquesans.

Bientôt les teachers abandonnèrent la tâche et Crook dut rentrer avec eux à Mooréa.

En 1840 la *Nadeshda* et la *Neva*, capitaine russe

Krüsenstern (étoile de la croix), trouva Nuka-Hiva désolée par une guerre épouvantable entre un Français et un Anglais qui s'y étaient établis.

En 1813 l'Américain David Porter avec l'*Essex* et l'*Essex junior*, y vient cacher ses prises sur les Anglais pendant sa croisière dans le sud et, dans l'intention d'y établir un arsenal, planta le pavillon de l'Union sur Nuka-Hiva. Malheureusement il y laissa, en partant, des captifs anglais qui, avec l'aide des indigènes, en chassèrent la faible garnison américaine.

En 1835 le baron français Ch. de Thierry, digne prédécesseur d'Orélie Antoine Ier roi d'Araucanie, y laissa au chef Vavanuha une lettre de recommandation recueillie ensuite par le capitaine Jacquinot, lors du passage des corvettes l'*Astrolabe* et la *Zélée*, et ainsi conçue : « Nous, Charles, baron de Thierry, chef souverain de la Nouvelle-Zélande, roi de l'île Nuka-Hiva, certifions avec plaisir que Vavanuha, chef de Portua, est l'ami des Européens et s'est toujours conduit à notre égard avec décence et bienveillance. En conséquence de quoi nous le recommandons aux bons soins des navigateurs qui peuvent demeurer ici en toute sécurité.

« Donné à Port-Charles (Taio-hae) île Nuka-Hiva, le 23 juillet 1835.

« Signé : CH., BARON DE THIERRY.
Par le roi,
« ED. FERGUS, colonel aide de camp. »

Les résultats obtenus par cet aventurier semblaient promettre une installation facile au premier gouvernement qui porterait ses vues sur la Polynésie.

L'amiral Dupetit-Thouars, frappé de l'utilité qu'offrirait la prise de possession des îles Marquises, situées entre l'Australie et l'Amérique et préjugeant des intentions du gouvernement, y planta pendant son voyage de circumnavigation, en 1842, le pavillon de la France (1ᵉʳ mai 1842).

D'abord les indigènes fêtèrent notre arrivée, mais une révolte fomentée par les Ships-Shanders (déserteurs) de toutes nations, amena une répression sévère qui nous coûta vingt-six marins, et nous livra en toute propriété Vaitahu.

De plus, on nous cédait la baie de Hakapei et on nous vendait celle d'Ikoe-Hi.

Une nouvelle insurrection en 1844 n'eut pas plus de succès et coûta aux Marquesans de plus larges concessions.

En 1846, la mort de cinq artilleurs assassinés à Taio-Hae fut vengée par l'exécution du chef de la tribu, la déportation de cinq de ses complices et par une sujétion plus stricte envers le protectorat.

Jusqu'à cette époque, la France n'avait pas retiré de grands avantages de cette nouvelle possession.

L'Assemblée nationale, en 1850, voulant assurer la paix publique par la déportation des insurgés lyonnais, sans toutefois les condamner au climat rigoureux de la Guyane, leur assigna pour résidence l'île admirablement féconde de Nuka-Hiva.

Les indigènes se montraient du reste moins rebelles à la civilisation, et la situation de cette île, placée au milieu des deux groupes, devait permettre un rayonnement colonial plus avantageux que notre établissement à Vaitahu. Malheureusement pour les colonies toute déportation politique est suivie tôt ou tard d'une amnistie, il en arriva des îles Marquises ce que nous avons vu depuis en Nouvelle-Calédonie.

Le rappel en 1854 des insurgés réduisit à néant l'essor colonial.

Les quelques déportés qui avaient résolu de vivre dans le monde austral s'empressèrent de quitter un lieu gros de pénibles souvenirs et s'installèrent à Tahiti, où la plupart firent fortune. Nous pourrions citer l'exemple de M. L... qui, forgeron à Lyon, employa ses loisirs à Nuka-Hiva à l'étude du droit et qui, malgré son libéralisme, accepta la nomination de juge impérial à Papeete.

## II

Le groupe nord-ouest (îles de la Révolution ou Washington) comprend : 1° l'île d'Eiao et les petits îlots Hatoutou, ou Chanal', Coral et le banc de Klark;

2° Nouka-hiva (ou Nouhiva, ou Baux, ou Fédéral, etc.) qui a 1,029 habitants.

Ses côtes sont très découpées et présentent des baies diminuant régulièrement de profondeur jusqu'à terre et offrant en général un bon abri contre les vents; ce sont les baies d'Akaheu, d'Hapapani, d'Atiheu et d'Anaho, de Taiohae, du Contrôleur.

La plus grande hauteur de Nouka-Hiva est de 1,170 mètres.

3° Les deux îlots Motuiti (Hergest rock) ou les (deux, frères) dont l'une s'appelle île Franklin et l'autre île Baja.

4° Ouka-Ouka (Washington) Massachusset (île montagneuse);

5° Ouapu (Adam-Marchand-Jefferson), île montagneuse bien peuplée. Ses pics élevés paraissent autant d'obélisques ou de campaniles. La mission catholique y possède un nombreux troupeaux de moutons;

6° Hatutu.

Le groupe des Marquises, proprement dites, au sud-est comprend :

7° Fatou-Houkou (Hood, nom d'un marin de Cook) qui le premier aperçut cette île), très petit îlot;

8° Hiva-Hoa (La Dominique) elle contient des montagnes élevées d'origine volcanique et de fertiles et délicieuses vallées. La population, de 1,000 habitants, se divise en 30 tribus. La plus nombreuse est celle de Tiu, qui compte 220 individus. Elle est la plus peuplée de tout l'archipel ;

9° Taouata (Sainte-Christine), bon port;

10° Motane (Saint-Pierre), près du banc Marchand;

11° Fatou-Hiva (Sainte-Magdeleine); au nord-est se trouvent les îles Thomasset.

Nous nous sommes contenté de mettre, en regard des noms indigènes de ces îles, ceux qu'elles avaient reçu des premiers navigateurs, pour que la confusion des noms n'induise pas en erreur le lecteur, perdu au milieu des diverses dénominations imposées depuis la période de découverte.

## III

Le climat des îles Marquises est un peu plus chaud que celui de Tahiti; malgré cette chaleur il est en somme très supportable pour l'Européen. La température ne dépasse pas 33° pendant le jour et 23° pendant la nuit. Le baromètre se maintient constamment entre 0,755 et 0,765.

Les raz de marée y sont assez rares. Celui du 10 au

17 mai 1877, encore présent à la mémoire de tous, a offert le phénomène le plus étrange et le mouvement oscillatoire le plus curieux aux yeux des indigènes.

La mer, tantôt très haute, tantôt très basse, s'est avancée à plus de 200 mètres dans l'intérieur des terres et s'est ensuite retirée à sec à une distance de plus de 20 mètres au delà de ses limites ordinaires. On a estimé à 4 mètres environ le changement de son niveau.

L'année se divise en deux saisons : la saison de sécheresse et la saison des pluies.

Ces îles sont volcaniques avec des falaises noires et escarpées; montueuses, elles renferment de profondes vallées d'une végétation inextricable. Elles possèdent des eaux minérales, notamment à Nouka-Hiva, et Taouta, dont la saveur extrêmement astringente est due à la quantité considérable de sels de fer et d'alumine qu'elles contiennent.

En général ces eaux sont beaucoup plus chargées que la généralité des eaux minérales ferrugineuses usitées en Europe.

Leur superficie est de 1,300 kilomètres carrés environ.

Les bancs de coraux ne se prolongeant pas bien loin, rendent la navigation facile; les ports sont cependant moins sûrs que ceux de Tahiti.

## IV

La dépopulation de l'archipel marquesan a pris depuis 1840 des proportions effrayantes.

Il n'est point rare de rencontrer à chaque pas des cases en ruine, autrefois berceaux de familles joyeuses.

Des villages entiers ont été abandonnés par leur population ayant été décimée soit par les maladies apportées par les navires (1), soit en vertu de ces phénomènes de décomposition dont nous avons précédemment parlé.

A ces causes générales on doit encore en ajouter plusieurs, notamment la famine épouvantable d'il y a cinquante ans, et l'émigration malheureuse qui s'ensuivit et dont les débris seulement abordèrent aux îles Tuamotus.

La population totale de l'archipel ne monte guère à plus de 5,776 habitants, dont 3,790 pour le groupe sud-est. Les Français et les étrangers sont en infime minorité.

L'origine des Marquesans se perd, comme ils le disent eux-mêmes, dans la nuit des âges.

Nous ne pouvons que hasarder des conjectures. Aussi verrons-nous Forster leur assigner une origine asiatique, tandis que Labarthe et à sa suite Quatrefages, les font descendre des Malgaches. Nous ne trancherons pas la question, cependant nous croyons devoir assigner une même origine aux Marquesans et aux Tahitiens, c'est-à-dire que nous les considérons comme des négroïdes ameliorés par une immigration d'asiatiques et de blancs.

En dehors des Marquesans de race pure, les Marquises comptent un certain nombre de métis provenant en partie des déserteurs espagnols, anglais, américains, péruviens.

Malheureusement, loin d'apporter un élément de civilisation, ces métis ont ajouté à toute la barbarie des naturels, tous les vices de l'Européen; paresseux, ivrognes, ne travaillant qu'autant que la faim les pousse, ils ont opposé à la colonisation un obstacle sérieux et sont pour ces pays un élément parasitaire.

(1) Une épidémie survenue, notamment en 1865, a enlevé les deux tiers de la population.

La terre ne demande qu'à récompenser le travailleur, ainsi que le prouvent les magnifiques plantations des colons européens qui ne se sont point laissé amollir par le climat et les mœurs indigènes. Mais ces derniers sont clair-semés.

A ce bizarre assemblage de races diverses, maorie, blanche, canaque, nous pouvons ajouter la race des émigrants mongols.

Voulez-vous du Chinois? on en a mis partout! comme à Tahiti, ils sont venus d'abord comme coolies sur les plantations que M. Stewart avait fondées, et quand la société sombra, ils demeurèrent à titre de colons. Nous aurons du reste l'occasion de revenir sur leur compte en parlant de l'agriculture.

V

Nous avons vu que l'archipel marquesan se compose de deux groupes bien distincts : ni l'un ni l'autre n'a encore été franchement organisé, aussi n'y trouverons-nous point, comme en Nouvelle-Calédonie, comme à Tahiti, d'arrondissements, ni de districts. La division circonscriptive du pays en est restée aux chefferies.

Après la prise de possession, la France établit un commandant particulier à Taïo-Haé (île de Nuka-Hiva) en 1842, puis en 1843 un second à Vaitahu.

Ce régime bilatéral, à la suite d'incidents nombreux, amenés par la confusion des pouvoirs, cessa en 1845.

La commandature de Taïo-Haé subsista jusqu'au rappel des insurgés lyonnais, mais la colonisation ruinée par leur départ, n'offrant plus la rémunération des sacrifices que s'imposait le gouvernement, l'administration centrale fut reportée à Papeete (Tahiti), devenue la capitale de toutes nos possessions océaniennes (1).

Un simple résident remplaça aux îles Marquises les anciens commandants.

Il n'existe à proprement parler que des rudiments d'administration. Tous les pouvoirs sont concentrés entre les mains du résident, qui n'a d'autre action sur les indigènes que celle d'investir les chefs dans certaines localités. La plupart des chefferies des îles Marquises échappent cependant à cette investiture.

La terre appartient aux chefs, sorte de seigneurs féodaux jouissant de leur ancienne autorité sur leurs sujets.

En temps de paix, aucune marque extérieure de leur dignité ne les distingue; en temps de guerre ils voient accourir sous leurs ordres une foule de guerriers, dont la discipline ferait envie aux meilleures troupes européennes.

Ces chefferies héréditaires passent du père au fils, du mari à la femme.

Par une sorte de synthèse, les Marquesans ont établi au-dessus de tous ces chefs un grand chef ou roi, *Papa*, sous le contrôle du gouvernement français, qui lui sert une pension un peu plus forte qu'aux petits chefs.

La dépense prévue au budget local pour ce service se monte à 3,854 francs.

C'est dans la baie de Taïo-Haé que se trouve le chef-lieu de la résidence; sur une petite colline qui domine le port, se dresse le fort Collet. Le courrier de San Francisco à Papeete relâche à Taïo-Haé et peut franchir les

(1) Ce n'est qu'au commencement de l'année 1860 que la Nouvelle-Calédonie, par un décret impérial, forma un gouvernement distinct.

250 lieues marines qui séparent les îles Marquises de Tahiti en six ou sept jours, grâce aux vents généraux alizés du sud-est, tandis qu'il faut de dix-huit à vingt jours pour aller de Tahiti aux îles Marquises.

## VI

Les Marquesans ou *Kanala* sont encore des maoris, c'est-à-dire un composé de sang blanc, noir et jaune, mais chez eux contrairement à ce que nous avons vu pour les Tahitiens, domine l'élément noir, brun rouge.

Ils ont conservé de la race blanche le nez droit et aquilin, les cheveux lisses, la grâce des formes. Par un piquant contraste c'est dans le sexe mâle surtout qu'elle s'accuse davantage. Leurs yeux sont noirs et, comme ceux des Malais, pleins d'expression. Mais on retrouve le négroïde dans ce front fuyant et dans l'épaisseur des lèvres.

Les femmes sont assez jolies, peu sauvages même, moins élancées que les hommes, un peu sujettes à l'embonpoint, sans exagération cependant. Taille de Romaines, aux larges hanches, teint clair et presque blanc sur les parties voilées du corps, elles se font remarquer surtout par l'extrême finesse des pieds et des mains et la grâce des attaches; leurs dents sont de véritables perles, malgré l'abus de l'opium auquel les Chinois les ont habituées.

Voilà ce que nous avons pu deviner, car, sous les enlaidissements du tatouage, cette beauté naturelle disparaît.

Ils ont en effet élevé le tatouage à la hauteur d'une institution, et l'arrivée des Européens, loin d'affaiblir cette coutume barbare, n'a fait que l'exalter.

Vous n'avez pas été sans voir quelque vieux missel, artistement relié par un maître artiste du moyen âge, sur la couverture duquel se marient, non sans grâce, cercles, courbes, zigzags, losanges, etc.?

Vous pouvez alors vous figurer une peau de Marquesan ! Pieds et mains sont tatoués jusqu'à l'extrémité des ongles, tout le reste du corps, même les paupières, le pavillon des oreilles, les lèvres et parfois les gencives sont agrémentées de dessins bizarres, qui font de leur corps une planche d'ornementation.

Comme les Maoris tahitiens, les Maoris marquesans pratiquent la plus large et la plus cordiale hospitalité. Doux, affables, ils vivent entre eux fraternellement. La fraternité est le seul lien qui unit deux Marquesans.

Le rêve de nos révolutionnaires modernes, suppression de la famille, autonomie individuelle, se trouve admirablement réalisé chez ce peuple sauvage, serait-il donc vrai que l'extrême civilisation confine à l'extrême barbarie, au point de montrer aux blasés de l'humanité l'état de nature comme l'idéal de la société?

La famille telle que nous l'entendons n'existe pas.

A défaut d'affection de famille, l'amitié et l'hospitalité jouent un grand rôle.

Chez ces enfants de la nature, l'ami est *éhoa*, on lui doit certains égards de politesse, mais au *ikoa* (hôte dans le sens grec du mot), on ne saurait rien refuser.

Comme ils sont peu démonstratifs et peu causeurs, que vous soyez leur ami ou leur hôte, après un vulgaire kaoha (bonjour), quelques interrogations sur votre santé, votre origine, votre but, ils vous laissent parfaitement tranquille.

Le mariage est inconnu. Comme à Tahïti s'il vient à

naître un enfant, de nombreux compétiteurs assaillent la mère.

Une femme féconde constitue un excellent rapport, car l'adoptant doit un cadeau au père présumé et à la mère de l'adopté. Tout le monde connaît à Nuka-Hiva cet exemple d'un John Bull qui, mettant à profit cette coutume, échangea cinq de ses enfants sur huit, contre des truies et des cochons gras.

N'est-elle point admirable cette facilité que possède la race anglaise de se plier sans souci des préjugés aux mœurs d'un pays en l'exploitant?

En dépit de leur caractère, naturellement doux, les Marquesans sont anthropophages.

A Taïo-Haé seulement, le cannibalisme a entièrement disparu. Dans les autres îles il tend à s'affaiblir.

A plusieurs reprises quelques-uns de nos soldats sont tombés sous les coups des insurgés et ont été dévorés.

La dernière insurrection de ce genre, qui eut lieu à Hiva-Hoa (la Dominique) et à Fatou-Hiva (la Madeleine), en juillet 1880, menaça de prendre les proportions d'une révolte. Pour la réprimer il fallut enrôler parmi nos troupes, des volontaires tahitiens et grâce à l'énergie de l'officier d'infanterie de marine E. Dufour, cette rébellion eut le sort des autres.

Il est profondément déplorable de voir combien les Français se désintéressent de notre prospérité coloniale, laissant à des aventuriers étrangers, souvent malfaisants, une place que devraient occuper nos compatriotes.

Ainsi l'insurrection de 1880 eut pour origine l'assassinat d'un chef abattu à coups de revolver par un de ces émigrés de race anglo-saxonne.

Nous eûmes à sévir dans l'intérêt général, mais en

regrettant cette nécessité, car les Marquesans, dans leurs rapports avec le gouvernement particulier, au point de vue de l'impôt (15 francs par tête), se sont toujours montrés exacts et dociles.

La religion ressemble à celle des Tahitiens, même frayeur des esprits, même terreur pendant la nuit. Comme les anciens Gaulois, ils croient à la cité des âmes, au pays des étoiles, et leurs bardes, comme notre Béranger, voient dans les étoiles filantes un présage de mort pour quelque haut personnage :

> Encore une étoile qui file,
> Qui file, file, et disparaît.

Nous retrouvons aussi les traditions diluviennes d'un Noé appelé par eux Aka, on croirait en lisant leurs légendes, lire la bible agrémentée des métamorphoses d'Ovide.

C'est ainsi que Tupa, le Jupiter marquesan, pour punir Nuhiva la corrompue, renferma dans une noix de coco tous les moustiques de l'archipel et déchaîna sur l'île perverse cette plaie analogue au ravage des sauterelles dont Jéhovah frappa l'Égypte.

Le *Tabou* existe aussi aux îles Marquises. Les indigènes poussent même cette coutume jusqu'à *tabouer* telle ou telle partie du corps.

La tête est tabou, et il semble que cette coutume appartient à tous les peuples sauvages à une époque quelque peu reculée de leur barbarie; nous la retrouvons vivace dans le système pénal des Francs et des Burgondes.

Nous ne dirons rien de leurs fétiches et talismans. Ainsi qu'à toutes les peuplades superstitieuses, chaque objet leur paraît favorable ou funeste. La science ne leur a point appris en effet à tirer des corps les plus pernicieux en apparence les remèdes les plus efficaces en réalité.

La mort ne les effraye nullement. Le cadavre inspire si peu de répulsion que, pendant les huit jours qui suivent le décès, les femmes chargées de la Haka Tahaa (embaumement) vont jusqu'à tremper dans la sanie, qui en découle, la popoï destinée à leur nourriture.

Le font-elles impunément ? nous ne le croyons pas et il faut classer, en partie du moins, ce bizarre usage comme une des causes de dépopulation.

A côté des païens encore anthropophages et plongés dans l'ignorance et la barbarie, s'élève, grâce au dévouement de la mission catholique, un peuple nouveau.

Malheureusement l'enfant échappe trop jeune aux missionnaires, et perdu dans le nombre des païens, il ne tarde pas à suivre les anciens errements.

Nous avons vu que les îles Marquises étaient surtout habitées par des colons d'origine anglo-saxonne, ils y ont introduit le culte protestant, mais c'est à peine si dans deux ou trois districts quelques fidèles se rassemblent autour d'un fanatique demi-sauvage, transformé, pour les besoins de la cause, en pasteur.

En 1853, la mission catholique réussit à convertir au christianisme Temoana, reine de Nuka-Hiva et son mari. L'exemple de ce chef qui, un jour de rébellion s'étant réfugié à bord d'un navire anglais, fut emmené à Londres où il fut exhibé par un barnum londonien, devrait faire peser à leur juste valeur par les malheureux chefs d'îles indépendantes, l'hospitalité et la loyauté britanniques. Après un tel traitement, inutile d'ajouter si le mari de Temoana rapatrié abhorra les Anglais.

La langue des Marquesans est à peu de chose près la langue tahitienne.

On pourrait considérer les Marquesans comme les Doriens, par rapport aux Tahitiens véritables enfants Ioniens.

Dans le mot Taata, par exemple, où le Tahitien aspire légèrement le second a, le Marquesan remplace cette aspiration par un *k* : Takata. Dans le groupe sud-est cependant, ce *k* se change lui-même en *n* : Tanata, et l'*h* aspirée *henua* en *f : fenua*.

Qui ne reconnaît les φ χ θ ou les aspirations correspondantes des divers dialectes helléniques ?

La langue des Marquesans confirme ce que nous avons pensé de leur origine : les mots malayo-polynésiens sont plus rares qu'à Tahiti, d'où il suit que les mots indigènes, c'est-à-dire appartenant à la langue nègre, prédominent dans leur idiome comme le sang noir dans leur constitution physique.

Nous avons rencontré chez les Néo-Calédoniens le système vicennal, nous avons vu que les Tahitiens avaient inventé, bien avant nous, le système décimal, chez les Marquesans nous ferons connaissance avec un troisième système qu'on pourrait appeler quadragésimal. Dans leur arithmétique ils prennent quarante pour unité de calcul, ils comptent dix fois quarante et obtiennent ainsi quatre cents, puis dix autres fois quatre cents et arrivent à quatre mille. Mais, là se borne leur science, tout ce qui dépasse ce maximum devient *mea nui*, c'est-à-dire beaucoup-beaucoup.

Leur calendrier comprend une année de dix mois. Le mois se décompose en 28 nuits.

Ils ont aussi une autre année correspondant à la deuxième récolte des fruits de l'arbre à pain. C'est l'année *meinoui*, c'est-à-dire l'année double, littéralement *mei* pain, *noui* beaucoup.

La nourriture est la même qu'à Tahiti, la popoï en forme la base, les végétaux y jouent un grand rôle ainsi que le poisson. Gardez-vous d'avoir jamais à partager l'ange de mer ou le requin avec vos hôtes ! Vous reculeriez devant l'odeur nauséabonde qui s'en exhale, car on a laissé pourrir avant de le servir ange et requin pendant quinze jours.

Durant le repas ils ne boivent que de l'eau, mais ils absorbent ensuite de grandes quantités de kava, ou eau-de-vie de coco.

Pour rompre la monotonie de leur existence et leur taciturnité naturelle, les indigènes ne manquent jamais de saisir la moindre occasion de célébrer des fêtes dont les préparatifs coûtent parfois à toute une tribu un travail de plusieurs mois. Elles se donnent à la mort d'un chef, au tatouage d'un jeune Ariki, à l'inauguration d'un ouvrage d'utilité publique. Dans toutes ces fêtes : popoï, kava, eau-de-vie de coco, poisson pourri, sont gaspillés à plaisir. Ils ont appris des Européens à extraire de l'eau-de-vie de l'enveloppe florale du cocotier. Ils s'enivrent fréquemment, et, dans cet état, leur fureur n'a plus de borne.

Tandis que sur la place publique résonne le tamtam et se confondent les hurlements, les femmes se placent sur des *paepae* (tréteaux), les hommes, en costume de guerre, s'organisent en chœurs et célèbrent les exploits, les alliances de la tribu, le tout avec des gestes d'anthropophages et en agitant leurs ceintures où pendent des crânes humains. Voilà la Upa-Upa des Marquesans, qui s'appelle dans leur dialecte la *Ula-Ula-*.

Les jeunes indigènes, le derrière de la tête caché par

une espèce de tapa en forme de cocarde large de 1 mètre, les chevilles disparaissant sous des touffes de cheveux, coiffés du diadème en plumes de tourterelles ou de perruches, que surmonte un bonnet à poil en barbe blanche, débouchent escortés par les jeunes filles et se livrent à une danse effrénée des jambes et des bras, dont les doigts sont armés de pinceaux empennés.

Sur un paepae particulier sont installés des vieillards soufflant dans une conque marine.

A côté d'eux, les jeunes gens, point de mire des femmes de la tribu, regardent bénévolement leurs compagnes, souvent entièrement nues, exécuter sans mesure les pas les plus fantastiques.

La journée se complète ordinairement par des cérémonies religieuses autour d'un grand autel occupé par la statue d'un homme et la figure d'un lézard entourée des crânes des ennemis tués à la guerre.

Enfin un festin pantagruélique termine la cérémonie et la nuit pudique vient couvrir de son ombre les suites de l'orgie.

## VII

Voici en quoi se résume à peu près leur industrie, architecture terrestre et navale, armement, bijouterie, tissage, sparterie et statuaire.

Leurs maisons se forment de quatre poteaux reposant sur quatre laves. Dans ces poteaux s'insèrent des troncs de cocotiers, lisses et minces pour former le contour du toit. Sur les poteaux et les troncs de cocotiers, des poutres transversales en bois léger, reliées à la charpente principale par des cordes en bourre de coco, les vides sont remplis par des bambous serrés en guise de lattes et, enfin, la toiture s'achève par un revêtement de feuillages enroulés autour de perches. A l'intérieur des lits de nattes fort incommodes, consistant en deux troncs d'arbres écartés de 1$^m$,20. On s'étend le long de la natte, la tête sur l'un des troncs et les jarrets sur l'autre.

Point de table, la natte qui couvre le sol en servira. Au mur, des hameçons de nacre, des filets, des pipes, des casse-têtes, des lances. Au toit pendent des paquets de tapa renfermant les parures de cérémonie, de grands paniers où l'on met les diadèmes en plumes de coq, des vases en bois de différentes grandeurs, des chandelles faites avec la noix de bancoul.

Dans quelque coin les fétiches et les statues du Dieu Tiki, grossières ébauches d'un art sculptural en enfance. On y voit aussi des colliers en dents de requin, ou en dents d'ennemis qu'ils ont tués et ensuite dévorés, des étoffes faites avec l'écorce d'arbres indigènes, plutôt battue que tressée et formant moins une trame qu'un carton.

Mais on n'y rencontrera pas fréquemment les échantillons de leur vie ancienne. Depuis l'arrivée des Européens les Marquesans ont abandonné le casse-tête pour le fusil, leurs bijoux et leurs hameçons de nacre pour des verroteries européennes et des hameçons en acier, et le plus grossier calicot prend sur leur corps la place des anciennes étoffes si curieusement et si originalement travaillées.

L'importation des îles Marquises est fort minime comparativement à celle de Tahiti et des îles indépendantes, mais ces îles sont comme des mailles utiles de notre réseau colonial.

Elles n'ont guère été jusqu'ici que des colonies d'im-

Vue de la vallé 'Akaheu (Nuka-Hiva).

portation, non pas que leur climat ou leur sol s'opposent à une exploitation plus pratique et plus productive, mais parce que le gouvernement a négligé de prendre les mesures favorables à l'essor de la colonisation et que, par suite, le flot des colons ne s'y est point porté.

Quoi qu'il en soit, l'importation a augmenté d'une manière sensible en 1884 et 1885.

Jusqu'à ce jour on a cultivé le coton, le coprah, le fungus, qui ont fourni une juste rémunération, mais on n'est pas encore parvenu à créer chez les indigènes des besoins factices qui les forcent à livrer leur production en échange des superfluités à bon marché.

Tout le mouvement commercial est limité à Taio-Hae. Le commerce a pris très peu d'extension et porte particulièrement sur la noix de bancoul que les indigènes récoltent et échangent contre d'autres produits, sur l'opium dont les effets désastreux se font déjà sentir parmi les indigènes, sur les boissons fortes dont on a dû restreindre le trafic par mesure de salubrité et de tranquillité publique.

Les fertiles vallées des îles Marquises pourraient fournir un pâturage abondant à de nombreux troupeaux, des essais tentés par le gouvernement ont admirablement réussi, du moins pour l'espèce bovine; l'espèce ovine est particulièrement l'objet d'une tentative semblable à la mission d'Ua-pou, son troupeau est très considérable et se débite au prix de 12 francs à 12 fr. 50 la tête.

Les chèvres, importées par Porter en 1813, sont en très grand nombre, cela tient à l'interdiction du tabou qui avait été mise sur ces animaux.

Les rongeurs importés par les navires européens pullulent malgré les magnifiques angoras, hôtes assidus des cases.

Les indigènes disent que les chats leur ont été apportés par le Dieu Haïti qui, il y a un siècle environ, arriva dans une pirogue grande comme une île.

Le lecteur reconnaîtra, comme nous sans doute, le capitaine Cook dans ce Dieu Haïti.

Les chasseurs peuvent se livrer à loisir à la poursuite du sanglier ou des chèvres sauvages qui peuplent vals, montagnes et forêts. Quant aux oiseaux, quant aux insectes, ils sont les mêmes que ceux que l'on trouve partout dans les régions tropicales, nous n'y avons vu de remarquable que le *Mono* (*le Sandfly* des Anglais, mouche de Sable), espèce de petit insecte propre à Nuka-Hiva et à l'île voisine Ua-pou et dont la piqûre, insensible d'abord, produit des boutons dégénérant facilement en ulcères. Si, cependant vous vous êtes laissé piquer saisissez votre bourreau et placez-le entre votre œil et la lumière du soleil, grâce à la transparence de son abdomen, rempli de votre sang vous aurez le regard ébloui par un rubis magnifique. Faible compensation de sa morsure, qui du reste ne devient dangereuse que si vous vous grattez.

Actuellement on compte en tout 243 hectares de terrain cultivé aux îles Marquises sur une superficie de 124,400 hectares. Les principales productions sont le coton, le coprah, le fungus, la noix de bancoule. Les vallées abondent en cocotiers, en bananiers et en arbres à pain.

Nous n'insisterons pas sur le règne végétal, les productions étant les mêmes que celles de Tahiti. Néanmoins les îles Marquises, encore plus sauvages et moins exploitées par les Européens, ont conservé des forêts de santaliers qui depuis longtemps ont disparu de l'Archipel des îles de la Société. Une remarque cependant est à faire sur l'aoa (ficus indica) figuier de banians, dont on en remarque un, notamment à Taio-Hae, qui mesure 30 mètres de circonférence, et qui conserve le même diamètre jusqu'à 13 mètres de hauteur, puis se divise en plusieurs branches horizontales qui ombragent un espace circulaire de 100 mètres. Ce splendide spécimen peut donner au lecteur une idée de la végétation de l'île. Légumes et céréales de France poussent largement aussi, à Taio-Hae ; toutefois la patate semble s'y plaire davantage.

# ILES WALLIS

Au moment où ce modeste ouvrage allait être livré à la publicité, un fait important s'est produit dans nos possessions de la Polynésie. Les *îles Wallis*, dont un traité de commerce, passé en 1842, constituait l'unique relation avec la métropole, appartiennent désormais à la France. Une courte étude de cette nouvelle possession fournira un aliment nouveau d'intérêt dans cet agrandissement de notre domaine colonial.

Les îles Wallis, appelées par les indigènes *îles Uvea*, découvertes par le navigateur anglais Wallis en 1767, qui leur donna son nom, sont situées, dans le Grand-Océan équinoxial, au N.-E des îles Viti ou Fidji, et au N.-O des îles Samoa ou de Bougainville, par 13°,21' 30" latitude sud et 178°,29' longitude ouest.

Ce groupe se compose d'une douzaine de petites îles, groupées plus particulièrement dans le N.-E.

Les plus importantes sont : Uvea; Naku-Atca, île assez élevée et très accidentée; Faioa, île entièrement couverte de cocotiers; Nuku-Fetau; dans le N.-N.-E, l'îlot Rocher-voile — *sail rock*, — que les indigènes appellent Nuku-Akimoa et qui a l'apparence d'une embarcation à la voile; Aafuasia, promontoire culminant couvert d'une riche végétation; Fungalei, cône de verdure de forme régulière, surmonté de cocotiers; Fenua-fu tout à fait au sud du groupe.

Ces îles sont entourées d'un grand récif qui offre trois coupures ou passes : celle connue sous le nom de passe d'Honikulu, à l'ouest de Fenua-fu, et qui conduit au mouillage dans la baie de l'Allier, est la seule praticable pour les grands navires.

La principale île est *Uvea-Ouvéa*, appelée par les indigènes Namo. D'origine volcanique, elle forme un cercle régulier et mesure environ six milles du nord au sud et trois milles de l'est à l'ouest ; sa superficie est d'environ 2,500 hectares. Elle est traversée par trois chaînes de collines d'une hauteur moyenne de 150 mètres. A l'intérieur se trouvent deux grands lacs, dont les eaux répandent partout la fécondité.

La température, un peu plus élevée aux îles Wallis qu'à Tahiti, n'empêche pas la salubrité de leur climat d'être excellente.

Les ouragans, les raz de marée sont, pour ainsi dire, inconnus. Les vents régnants paraissent venir de la partie de l'est, entre l'E.-S.-E et le N.-N.-E.

Seule Uvea possède une population sédentaire, estimée à 4,000 habitants, et qui à l'encontre de presque toutes les îles des archipels circonvoisins va plutôt en croissant chaque année. Dans les autres îles on ne trouve que quelques paillottes ne servant qu'à l'époque de la récolte des cocos.

Les indigènes sont actifs, robustes et ne méritent que des éloges de la part des Européens qui ont eu des rapports avec eux. Malheureusement ils sont presque tous atteints de l'éléphantiasis.

Les R. P. Maristes, arrivés en 1837, les ont convertis au catholicisme. Un de ces missionnaires, le R. P. Bataillon, mort évêque en 1876, avait acquis sur eux ainsi qu'aux îles Samoa, Tonga, et Futuma, qu'il visitait fréquemment, une extrême influence.

Les naturels des îles Wallis obéissent à la reine

Amélie, dont nos officiers de marine ont gardé le meilleur souvenir.

Grand est l'étonnement des voyageurs qui visitent Uvea d'y trouver une petite armée régulière pourvue d'anciens fusils à piston et d'entendre les commandements se faire en italien ; cela tient à ce que leur premier instructeur était un père mariste de cette nationalité.

La langue parlée aux îles Wallis est la langue maorie, avec quelques altérations se rapprochant de celle parlée aux îles Tonga. Presque tous les indigènes parlent le français qu'ils ont appris aux quatre écoles de la mission, où l'on compte (1886) 470 garçons et presque autant de filles.

L'île d'Uvea, comme ses congénères, est extrêmement fertile, mais la terre s'appauvrit vite et les indigènes sont obligés de transporter leurs plantations d'ignames, de taros et de bananiers dans des terrains fraîchement défrichés.

On compte trois villages principaux à Uvea ; Mua ou Saint-Joseph au sud ; Mata-Utui à l'est et Lano au nord. On y trouve en abondance le cocotier, le bananier et le Kava et aussi des plantations de caféier ; la canne à sucre et le coton y ont parfaitement réussi. La volaille et les porcs y sont en quantité.

Mata-Utui, chef-lieu des îles Wallis et résidence de la reine, du résident français et du chef de la mission catholique, possède cinq ou six comptoirs anglais et allemands et un autre assez important, appartenant à un indigène élevé en France dans un des collèges des R. P. maristes.

Les articles d'exportation sont le coprah, dont il est exporté de 300 à 350 tonneaux par an et que l'on achète 7 fr. 50 les cent livres ; la racine de kava, dont une maison anglaise a exporté 30,000 livres en dix-huit mois pour l'Europe.

Jusque-là la reine des Wallis n'a pas imposé ses sujets, ils lui apportaient seulement des produits de leurs terres et quelques cadeaux. Les étrangers avaient à acquitter une redevance annuelle de 100 piastres à la reine pour le terrain, inaliénable aux îles Wallis, qu'elle leur concédait de dix années en dix années. Indépendamment de cette redevance, ils devaient payer un loyer de 25 à 30 piastres par an, s'ils s'établissaient sur la plantation d'un indigène.

Un résident, relevant du gouverneur de Tahiti, vient d'être nommé aux îles Wallis : ces îles vont, par ce fait, être soumises aux mêmes lois que les autres colonies françaises. La reine Amélie recevra une subvention pour avoir consenti l'annexion de ces îles à la France.

C'est à M. Chauveau qu'appartient l'honneur d'avoir été appelé par la confiance du gouvernement de la République Française au poste de résident aux îles Wallis.

Quant à nous, qui suivons pas à pas notre chère France dans son mouvement d'expansion coloniale, nous ne pouvons que concevoir de grandes espérances des efforts, couronnés de succès, qui ont fait sortir notre patrie des limites dans lesquelles des voisins jaloux voulaient la confiner. Aussi faisons-nous des vœux pour que notre nouvelle possession acquière au plus vite le maximun de son développement, sous l'action bienfaisante et éminemment civilisatrice de la métropole.

# CONCLUSION

Les archipels polynésiens sont-ils les débris d'un monde disparu sous les flots, ou le résultat d'une accumulation de corail émergeant de la mer?

Doivent-ils un jour s'accroître encore par de nouvelles agglomérations sous-marines?

Doivent-ils au contraire s'enfoncer sans retour?

Aux géologues de trancher la question!

Nous nous bornerons à examiner le passé, non pas au point de vue géologique, mais au point de vue ethnologique.

Ce qui nous importe en effet, ce n'est pas de prédire à des siècles de distance, les évolutions de la nature, mais d'étudier les moyens propres à arracher au néant, qui semble la convoiter, cette race polynésienne autrefois si vigoureuse et si belle, de l'amener progressivement à partager avec nous les bienfaits de la civilisation et à lutter à nos côtés dans le combat pour la vie (*Strugle for life*) à la conquête de la science.

Le lecteur a vu par les récits du capitaine Cook combien populeuses avaient été ces îles avant l'arrivée des Européens. Notre intervention leur a-t-elle été funeste ou favorable? Les derniers recensements accusent, avec trop de cruauté, la dégénérescence de la race pour que le doute soit permis à cet égard.

N'eût-il pas mieux valu laisser se constituer dans la suite des siècles une civilisation, différente de la nôtre peut-être, mais qui, tôt ou tard si l'on en juge par ces ébauches, devait produire un monde, une société digne d'admiration. Le mal est fait! est-il sans remède?

A Tahiti le renversement des anciennes croyances, la lutte entre le protestantisme et le catholicisme, l'abolition des anciennes institutions, de l'ancienne discipline sociale, ont produit malheureusement un scepticisme découragé et un matérialisme brutal.

Aux îles Tuamotus, aux îles Gambier, aux îles Tubuaï, peut-être mieux trempés par la difficulté de l'existence, les indigènes ont résisté à l'inoculation de nos vices et semblent, avoir acquis déjà quelques-unes de nos vertus.

Aux îles Sous-le-Vent nous n'avons pu chercher à réparer, comme nous l'avons fait à Tahiti, les effets désastreux de la néfaste influence anglaise.

Aux îles Marquises, rien encore n'a été fait. Le pays est vierge, pour ainsi dire, du virus européen : l'ordre social, reposant sur des coutumes et des mœurs plus ou moins barbares, sauf à Nuka-Hiva et à Uapo, n'a pas été sérieusement entamé.

Nous aurons donc à étudier les voies et moyens propres à y faire acclamer et bénir le nom de la France.

Tant que la Polynésie demeura inconnue aux navigateurs occidentaux, le commerce, l'industrie, l'agriculture de chaque groupe d'îles ne s'étendaient guère qu'aux archipels les plus voisins, souvent même dans une seule et même île. La lutte des chefs, le partage des pouvoirs politiques restreignaient encore le champ de leur action.

Il en résultait parfois des famines terribles, générales ou locales, des combats sanglants amenant de terribles représailles, et, sous ce point de vue, l'arrivée des Européens pourrait être considérée comme un bienfait, s'ils n'avaient trop souvent installé l'ordre et la paix sur des ruines et des tombes.

Pendant la période d'acclimatation des blancs, les Maoris ont trafiqué avec les navires de passage, particulièrement avec les baleiniers qui parcouraient en grand nombre ces parages.

Malheureusement les maladies importées par les équipages, la cruauté avec laquelle les Wallis et autres tyrans de même ordre réprimèrent les moindres peccadilles des indigènes, ont dû aigrir le caractère et modifier les usages commerciaux de ces Maoris si confiants, si hospitaliers.

A Tahiti, l'installation de la monarchie des Pomaré n'amena qu'une civilisation bâtarde et décrépite à son enfance, grâce au féroce égoïsme et à l'esprit fanatique et mercantile de missionnaires tels que les Pritchard.

Nous avons eu à subir là une succession onéreuse que nous avons acceptée, sous bénéfice d'inventaire, après la renonciation, nous dirons presque la désertion de l'Angleterre.

Cependant on a pu voir dans le courant de cet ouvrage que nous avons arrêté Tahiti au bord de la tombe, que nous y avons établi un régime destiné à réparer tous les désastres et à faire refleurir l'Eden océanien.

Aux îles Tuamotus, aux îles Gambier, n'ayant point eu à lutter contre les agissements anglais, notre influence bienfaisante s'est manifestée à la grande reconnaissance des Maoris, assurés contre la famine et la guerre.

Mais aux îles Sous-le-Vent, notre position est indigne

d'une nation aussi considérable, aussi civilisatrice que la France. Les tiraillements perpétuels que nous causent l'antagonisme permanent et la mauvaise foi de l'Angleterre, nous font un devoir de rompre, une bonne fois pour toutes, la trame de ses intrigues et d'arborer franchement notre pavillon comme cela s'impose également aux Nouvelles-Hébrides.

Aux îles Marquises, notre indifférence a mérité qu'on nous y supplantât. Nous devons la vérité à nos amis comme à nos adversaires, il est temps que la France colonise sérieusement l'archipel marquesan, si elle veut continuer à y faire flotter son drapeau. Le gouvernement de la République possède dans Nuka-Hiva et ses congénères un véritable laboratoire, où il lui convient d'affirmer son esprit colonial et d'en donner la mesure. Les nobles efforts, la sagesse des réformes qu'il a tentés dans l'archipel de la Société nous garantissent que le gouvernement républicain est à la hauteur de sa tâche et ne faillira point à sa mission.

Nous approuvons sincèrement le décret du 19 octobre 1883 portant création du Conseil supérieur des Colonies, première synthèse de notre empire extérieur destinée à mieux faire comprendre la connexion des intérêts entre les diverses mailles de notre réseau colonial, permettant par suite un ensemble de mesures utiles à toutes et promettant un développement normal et régulier.

Nous y voyons encore un autre avantage : Nos gouverneurs trop souvent particularistes, n'exploiteront plus une popularité malsaine, sur tel ou tel Archipel, aux dépens des intérêts généraux de la métropole.

Plus d'arbitraire au palais du gouvernement! Les gouverneurs deviennent préfets et cessent d'être des proconsuls.

Il appartient aux Colonies, par la sincérité et la dignité de leur choix, d'assurer le fait de cette immense réforme.

Pour Tahiti et nos établissements océaniens, la portée de cette innovation est sans limites, grâce à la sage composition du conseil supérieur comprenant les sénateurs et députés des colonies à représentations, les délégués élus par les colonies sans représentation, dix membres désignés par le président de la République; sept membres représentant l'administration (conseil d'État, marine, commerce, finance), et cinq présidents de chambres de commerce (Bordeaux, Havre, Marseille, Nantes, Paris).

Le commerce français, qui jusqu'alors s'est trop désintéressé dans la plupart de nos colonies, s'ouvrira d'utiles débouchés.

Il s'établira un courant qui fera cesser l'hypertrophie de la France continentale et la trop longue atrophie de la France extra-continentale.

On ne verra plus comme à Saïgon, comme à Nouméa, comme à Papeete et dans presque tous les chefs-lieux de nos colonies, des maisons étrangères s'abattre comme d'immenses vampires, suçant le meilleur de notre sang et nous laissant le soin de rétablir leur victime au prix des plus grands sacrifices sans jamais y participer.

Certes, il y a de la conception à l'exécution, presqu'autant de chemin qu'entre la coupe et les lèvres; le fonctionnement de ce nouveau rouage administratif, surtout au point de vue électoral, n'a pas été sans difficultés.

On ne saurait en effet, dans la Polynésie, mettre sur la même ligne, comme électeurs, l'indigène Tuamotu si français, le Tahitien si civilisé et le Marquesan inculte et presque indépendant.

Pour nos anciens protégés (Tahiti, Mooréa, Tuamotu, Mangareva, Tubuai), le vote n'est pas une faveur, mais un véritable droit bien que la civilisation soit inégalement répartie entre eux.

Ce qu'on accordait aux Tahitiens on n'a pu le refuser aux Tuamotus, aux Mangaréviens, aux Tubuai.

Nous y voyons même un intérêt pour la mère patrie.

Il eut été injuste de priver nos quelques colons disséminés dans les îles Marquises et à l'île Rapa d'un droit reconnu aux néo-civilisés. En attendant que les lumières aient pénétré davantage dans l'Archipel Marquesan, les colons français seuls sont appelés à voter.

Ces élections, pour le choix d'un délégué au conseil supérieur des colonies, ont eu lieu le 1$^{er}$ février 1885 et ont donné pour résultat la nomination de M. Frank Puaux.

En dehors de cette représentation que nous pourrions appeler métropolitaine, Tahiti possède une organisation locale, appelée conseil général et qui remplace l'ancien Conseil colonial. Ses attributions en font une sorte d'assemblée nationale tahitienne et un organe de transmission au premier degré des aspirations du pays qui, par l'intermédiaire du conseil supérieur des colonies, sont portées à la connaissance du parlement français.

C'était beaucoup déjà d'assurer la libre représentation d'un peuple : assurer son développement agricole et commercial vaut mieux encore.

Nous avons vu que la Caisse agricole permet aux rares colons, moyennant un intérêt minime, d'acquérir un domaine foncier relativement considérable et de trouver l'écoulement des produits dans les docks de la Société elle-même.

Pour offrir à l'importation et à l'exportation un débouché certain, il est nécessaire de créer à Papeete, un bassin de radoub. Le sacrifice peut paraître hors de proportions avec le commerce actuel de la colonie, mais nous ne devons pas oublier que Tahiti est notre première grande escale entre Panama et l'Australie et que chaque année les navires de guerre, de notre division navale du Pacifique, et les navires de commerce paient à Sydney ou à San-Francisco un tribut supérieur à l'intérêt des subventions nécessaires à l'œuvre précitée (1).

L'espèce de course au clocher, dans laquelle les diverses nations européennes se sont précipitées sur l'Océanie, appelée à un avenir superbe, grâce au percement de l'isthme de Panama, font au gouvernement français un devoir de créer une ligne postale entre Nouméa, Papeete, Panama.

Nouméa, centre d'un quadruple réseau (Nouméa, Sydney, Saïgon, les Indes, Marseille) — (Nouméa, Tahiti, Saint-Francisco, New-York, Brest ou le Havre) — (Nouméa, Yokohama, la Russie, Paris) — (Nouméa, Tahiti, îles Marquises, Panama, Lisbonne, Bordeaux), ferait affluer à Tahiti et aux îles Marquises les richesses du monde entier.

En attendant la réalisation de ces magnifiques projets, il est profondément regrettable que l'entreprise

---

(1) Le matériel de forage, indispensable à l'étude préparatoire du sol sur lequel devra reposer le bassin de radoub, ainsi que deux pompes centrifuges, et le matériel nécessaire pour ouvrir les puits de sondage, viennent d'être expédiés de France et seront à Papeete lorsque paraîtront ces lignes.

Vernaut, du service postal à vapeur entre Tahiti et San-Francisco, se soit vue obligée de renoncer à un frêt d'importation montant jusqu'à 700 et 750 tonnes par mois. Le regret s'avive encore en voyant des maisons étrangères opérer ce trafic.

Qu'il nous soit permis d'espérer que le développement auquel est appelé Tahiti rendra les capitalistes français moins craintifs et fera confier le service postal à des mains françaises, avec un juste profit, tant pour l'entrepreneur que pour les actionnaires.

Certes les destinées de Tahiti se dessineront admirables, quand la mère-patrie aura compris la nécessité des sacrifices momentanés et rémunérateurs..

Mais, hélas! il ne suffit pas pour la prospérité d'une colonie que son gouvernement politique assure sa liberté, qu'une administration intelligente favorise l'exploitation des richesses immenses : pour exploiter, il faut des bras et les bras manquent (1).

A Tahiti l'oisiveté tue les débris de la race Maorie et ne lui laisse s'assimiler que nos vices.

L'exemple des Poroï et des Tihouï, ces travailleurs auxquels nous offrons volontiers l'hommage de notre estime, cet exemple qui peut et doit sauver Tahiti par le travail n'a pas encore trouvé assez d'imitateurs.

(1) Nous avons vu, p. 133, que la Société française de colonisation a ouvert de nouvelles négociations, en mars 1887, avec le Conseil général de Tahiti pour l'emploi d'un crédit de dix mille francs accordé par la colonie et affecté à l'envoi dans cette île de colons français. Nos vœux les plus sincères pour que ces négociations aboutissent favorablement.
De plus on annonce (10 juin 1887) l'arrivée en France de M. Martiny, conseiller général de Tahiti, qui est chargé par cette colonie de chercher, avec la Société française de colonisation, les moyens pratiques de favoriser l'émigration des colons français à Papeete.

Sur ce point particulièrement nous appellerons l'attention du gouvernement.

Il ne nous semble pas plus permis d'abandonner à l'oisiveté, mère du vice, les Tahitiens, ce peuple enfant, au nom d'une liberté trompeuse et corruptrice, que, dans la mère-patrie, de sacrifier à l'égoïsme de certains pères de famille l'instruction des enfants appelés à devenir des citoyens. Autrement notre occupation de Tahiti cesserait d'être légitime, nous nous verrions obligés d'abîmer à jamais sous le flot des immigrants cette belle race Maorie, à la résurrection de laquelle nous devons engager notre responsabilité.

Ce serait un crime. Il importe donc d'étudier consciencieusement les moyens d'amener le Tahitien à l'amour du travail. Si la famille tahitienne se montre, entre tous les maoris, rebelle ou impropre, il s'agira alors, non de l'anéantir, mais de la transformer, soit par l'infusion du sang Tuamotu, soit par le croisement avec l'Européen.

FIN.

# TABLE DES MATIÈRES

Dédicace............................................................. v
Lettre-préface de M. Ferd. de Lesseps......................... vii
Considérations préliminaires..................................... 1

## PREMIÈRE PARTIE
### TAHITI.

Chapitre Ier. — Notice historique................................ 3
— II. — Géographie physique ; topographie, orographie ; hydrographie........................... 41
— III. — Météorologie, population................... 45
— IV. — Division du pays.............................. 51
— V. — Gouvernement ; vie administrative ; vie privée......................................... 63
— VI. — Rapports des intérêts publics et des intérêts privés............................................ 72
— VII. — Type ; caractère ; mœurs ; coutumes ; maladies, religion ; fêtes ; danses ; chants (Hyménées)...................................... 83
— VIII. — Industrie ; agriculture ; commerce ; règne animal ; règne végétal...................... 124

## DEUXIÈME PARTIE
### DÉPENDANCES DE TAHITI.

Ilots Tetiaoroa. — Ile Meetia.................................... 149
Ile Mooréa....................................................... 151

| | |
|---|---|
| Iles Sous-le-Vent............................................. | 156 |
| Archipel Tuamotu ou des Iles basses..... ................ | 167 |
| Archipel des Gambier...................................... | 182 |
| Iles Tubuaï................................................... | 187 |
| Ile Rapa ou Oparo........................................... | 188 |
| Iles Marquises ou Iles de Mendoza........... ............ | 190 |
| Iles Wallis.................................................... | 214 |
| Conclusion................................................... | 218 |

FIN DE LA TABLE DES MATIÈRES.

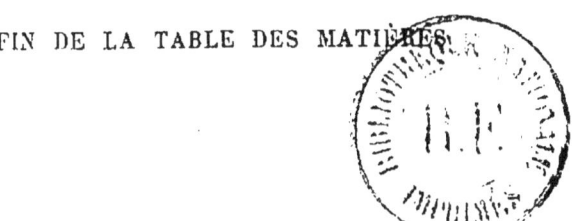

8375-87. — CORBEIL. Typ. et stér. CRÉTÉ.

## Extrait du Catalogue JOUVET et Cie
5, rue Palatine, à Paris

*Les ouvrages marqués d'un astérisque sont adoptés par le Ministre de l'Instruction publique et par la Ville de Paris pour être donnés en prix et placés dans les Bibliothèques scolaires et populaires.*

# BIBLIOTHÈQUE INSTRUCTIVE

Collection de volumes in-16 illustrés. Brochés.................. 2 fr. 25
Cart. en toile rouge ou lavallière, avec plaques or, tranches dorées. 3 fr. 50

* **Les Invisibles**, par Fabre-Domergue. 1 vol. 120 grav.
* **Tahiti et les Colonies françaises de la Polynésie**, par H. Le Chartier. Ouvrage accompagné d'une lettre-préface, par M. Ferd. de Lesseps, et orné de 25 gravures et de deux cartes hors texte.
* **Les grands Conquérants**, par A. Desprez. 1 vol. 50 grav.
* **Le Combat pour la vie**, par O. de Rawton. 1 vol. 90 gr.
* **La Mer**, par Armand Dubarry. 1 vol. 70 gravures.
* **Nos frontières perdues**, par A. Lepage. 1 vol. 70 grav. et 13 cartes.
* **Histoire de la Lune**, par W. de Fonvielle. 1 vol. 60 grav.
* **L'Algérie**, par le Dr F. Quesnoy. 1 vol., 100 grav. sur bois et une carte.
* **Les Insectes nuisibles** *à l'agriculture et à la viticulture*, moyens de les combattre, par E. Menault. 1 vol. 105 grav.
* **La Chine**, par Victor Tissot. 1 vol. 65 grav. sur bois.
* **Les grandes Souveraines**, par Adrien Desprez. 1 vol. 50 grav.
* **Les Paysans et leurs seigneurs avant 1789** (Féodalité, ancien régime), par L. Manesse, agrégé de l'Université. 1 vol. 50 grav.
* **Jeanne Darc**, par Henri Martin. 1 vol. 20 grav.
* **L'Homme blanc au pays des noirs**, par J. Gourdault. 1 vol. 70 grav. et une carte.
* **Nouvelles lectures scientifiques**. *Première année*, par Max. Flajat. 1 vol. 236 grav.
* **La Nouvelle-Calédonie et les Nouvelles-Hébrides**, par H. Le Chartier. 1 vol. 45 grav. et deux cartes.
* **Les Plantes qui guérissent et les Plantes qui tuent**, par O. de Rawton. 1 vol. 120 grav.
* **Le Boire et le Manger.** Histoire anecdotique des aliments, par Armand Dubarry. 1 vol. 126 grav.
* **Les Chasses de l'Algérie**, et notes sur les Arabes du Sud, par le Général Margueritte. 3e édition, 1 vol. 65 grav.
* **Le Japon**, par G. Depping, bibliothécaire à la bibliothèque Ste-Geneviève. 1 vol. 47 grav. et une carte.
* **L'Égypte**, par J. Hervé. 1 v. 87 grav. et deux cartes.
* **L'Héroïsme français**, par A. Lair, agrégé de l'Université. 1 v. 65 grav.
* **Les Colonies perdues** (le Canada et l'Inde), par Ch. Canivet. 1 vol. 65 grav.
* **La grande Pêche** (Les Poissons), par le Dr H.-E. Sauvage. 1 vol. orné de 87 grav.
* **L'Architecture en France**, par G. Cerfberr de Médelsheim. 1 vol. 126 grav.

* **Voyage de la mission Flatters** au pays des Touareg-Azdjers, par le lieutenant H. BROSSELARD. 1 vol. 40 grav. et une carte.
* **Les Généraux de la République**, par A. BARBOU, bibliothécaire à la bibliothèque Sainte-Geneviève. 2ᵉ éd. 1 vol. 30 grav.
* **L'Art de l'éclairage**, par Louis FIGUIER. 2ᵉ édit.. 1 vol. 114 grav.
* **Les Aérostats**, par Louis FIGUIER, 2ᵉ éd. 1 vol. 55 grav.

## CONTES ILLUSTRÉS

### ÉLIE BERTHET

* **Paris avant l'histoire.** Un superbe volume grand in-8 raisin, illustré de 70 dessins de F. BOURDIN, gravés sur bois par BELLENGER, CHEVALLIER, DARGENT, FARLET, LÉVEILLÉ et PUYLAT. Broché. 10 fr.
* **Les petits Écoliers dans les cinq parties du monde.** *Deuxième édition.* 1 vol. in-8 raisin, illustré de grandes compositions, par Émile BAYARD, et de 83 vignettes dans le texte............ 7 fr.
* **Les petites Écolières dans les cinq parties du monde** (*ouvrage couronné par l'Académie française*), 1 magnifique vol. in-8 raisin, illustré de 104 vignettes sur bois ........................ 7 fr.

---

* **Les Robinsons français**, par P. DELCOURT. 1 superbe vol. in-8º jés. illustré de 150 grav. sur bois. Dessins hors texte de Motty. 10 fr.
* **Le petit Pâtre** par ALBERT GIRARD. 1 joli volume in-8º, illustré de 25 grav. sur bois............................................ 2 fr.
* **Les Héros de l'Avenir**, par E. MATTHIS. 1 charmant vol. in-8º, illustré de 25 grav. sur bois................................... 2 fr.
* **Histoire fantastique du célèbre Pierrot**, par ALFRED ASSOLANT. *Deuxième édition.* 1 beau vol. in-8 raisin, illustré de 100 dessins de YAN'DARGENT.............................................. 7 fr.

---

### ÉDOUARD LABOULAYE
(DE L'INSTITUT)

**Contes bleus.** *Quatrième édition.* 1 beau volume in-8º raisin, illustré de 200 dessins par YAN'DARGENT ........................ 10 fr.
**Nouveaux contes bleus.** *Quatrième édition.* 1 beau volume in-8 raisin, illustré de 120 dessins par YAN'DARGENT............. 10 fr.
**Derniers contes bleus.** Superbe vol. in-8º raisin, illustré de 149 dessins dans le texte par H. PILLE et H. SCOTT, et orné de 10 eaux-fortes hors texte, dessinées par H. PILLE et gravées par H. MANESSE, ainsi que d'un portrait de l'auteur gravé sur acier. Broché. 12 fr.

## LES DEUX GASPARDS

Par C. E. Matthis. 1 vol. in-4º écu, illustré de 33 compositions par C. E. Matthis. Relié richement avec plaques or, tranches dorées, biseaux ............................................. 6 fr. 50

## LA VEILLÉE AU PAYS BRETON

Par L. Manesse. 1 vol. in-4º écu, illustré de 82 gravures. Relié richement, avec plaques or, tr. dorées, biseaux.......... 6 fr. 50

## NOS PETITS DIABLES

Par A. Girard. 1 vol. in-4º écu, illustré de 82 gravures. Relié richement avec plaques or, tr. dorées, biseaux............. 6 fr. 50

## COLLECTION DE VOLUMES-ALBUMS

Charmants volumes in-4 avec texte, illustrés chacun de 6 chromolithographies, élégamment reliés, tranches dorées. Chaque volume. 3 fr. 50

- \* Le valeureux petit Tailleur.
- \* Rose rose et Rose blanche.
- \* La Belle au bois dormant.
- \* Les Sept Corbeaux.
- \* Le Lièvre et le Hérisson.
- \* Les trois Frères.
- \* Jeannot.
- \* Cendrillon.
- \* Obéron ou le cor enchanté.
- \* Le Génie de la Montagne.
- \* Le Loup et les sept Chevreaux.
- \* Geneviève de Brabant.
- \* Baron de Munchausen (les Aventures du).
- \* Robinson Crusoé.
- \* Don Quichotte.
- \* Un Conte d'Hoffmann.
- \* Le petit Chaperon rouge.

## LA JOIE DE LA MAISON

Par Émile Desbeaux. 1 beau volume in-8 raisin, élégamment cartonné, tranches dorées, orné de 9 chromolithographies.......... 5 fr.

# HISTOIRE

## ŒUVRES DE M. HENRI MARTIN
### SÉNATEUR, MEMBRE DE L'ACADÉMIE FRANÇAISE

* Histoire de France depuis les temps les plus reculés jusqu'en 1789. 4e édition, suivie d'une table générale analytique et alphabétique. 17 vol. in-8 cav. avec le portrait de l'auteur...... 102 fr.

LE MÊME OUVRAGE, 17 vol. ornés de 52 grav. sur acier... 118 fr.

* Histoire de France depuis 1789 jusqu'à nos jours, complément de l'*Histoire de France depuis les temps les plus reculés jusqu'en* 1789, du même auteur. L'ouvrage forme 8 vol. in-8 cav. — Chaque vol. sans grav. 6 fr. ; — avec grav........................... 7 fr.

* Histoire de France populaire depuis les temps les plus reculés jusqu'à nos jours (1866). 7 vol. grand in-8 jésus. illustrés de 1725 grav. — Prix des 7 vol........................... 56 fr.

* Histoire de la Révolution française de 1789 à 1799. 2 forts vol. in-16............................................ 7 fr.

Daniel Manin, dernier président de la République de Venise ; précédé d'un *Souvenir de Manin*, par M. E. Legouvé (de l'Académie française). 1 vol. in-18 jésus, orné du portrait de Manin...... 3 fr. 50

La Russie et l'Europe. 1 beau vol. in-8 cav................. 6 fr.

## ERNEST HAMEL

* Précis de l'histoire de la Révolution (Mai 1789. — Novembre 1795). — *Deuxième édition*. 1 vol. grand in-8............... 7 fr. 50

* Histoire de la République sous le Directoire et le Consulat (novembre 1795-mai 1804). — *Deuxième édition*. 1 volume grand in-8............................................ 7 fr. 50

* Histoire de la Restauration (avril 1814-juillet 1830), tome Ier. 1 fort vol. gr. in-8, illustré de 4 gravures sur acier............. 7 fr. 50

## AUGUSTIN CHALLAMEL
### CONSERVATEUR A LA BIBLIOTHÈQUE SAINTE-GENEVIÈVE

* I. Histoire de la liberté en France depuis les origines jusqu'en 1789. 1 beau vol. in-8 cavalier...................... 7 fr. 50

* II. Histoire de la liberté en France depuis 1789 jusqu'à nos jours. 1 beau vol. in-8 cavalier........................ 7 fr. 50

# ŒUVRES DE M. A. THIERS

**Histoire de la révolution française**, 13e édition, ornée, de 55 grav. sur acier. 10 vol. in-8............................................ 60 fr.

Le même ouvrage, 4 vol. grand in-8 jésus, 40 grav. sur acier.. 40 fr.

Le même ouvrage, 8 vol. in-18 jésus..................... 28 fr.

* Le même ouvrage. *Édition populaire*, illustrée de plus de 400 grav. d'après les dessins de Yan' Dargent. 2 forts volumes grand in-8 jésus............................................... 22 fr.

**Atlas de l'histoire de la Révolution française**, 32 cartes et plans gravés sur acier. In-folio cart......................... 16 fr.

Le même atlas. *Édition populaire*, in-4°. Cart.............. 10 fr.

**Histoire du Consulat et de l'Empire.** 20 vol. in-8 carré, illustrés de 75 grav. sur acier; plus un vol. de table analytique et alphabétique. Les 21 vol. brochés........................... 125 fr.

*Le même ouvrage. *Edition populaire*, illustrée de 350 grav. L'ouvrage complet, 5 vol. grand in-8 jésus................... 48 fr.

**Atlas de l'histoire du Consulat et de l'Empire.** 66 cartes ou plans gravés sur acier. In-folio cart............................ 30 fr.

* Le même atlas. *Edition populaire*. In-4°. Cart............. 15 fr.

**De la propriété.** Un vol. in-8 carré........................ 4 fr.

* Le même ouvrage. Un vol. in-18 jésus..................... 2 fr.

* Sainte-Hélène. Un vol. in-18 jésus........................ 2 fr.

* Waterloo. 2 vol. in-18 jésus.............................. 2 fr.

* Congrès de Vienne. Un vol. in-18 jésus.................... 2 fr.

---

# AUGUSTIN THIERRY

**Œuvres complètes**, 5 v. in-8 cav., ornés de 21 gr. tirées à part. 30 fr.
   Chaque ouvrage se vend séparément................... 6 fr.

Le même ouvrage. 10 vol. in-16........................... 20 fr.

  * *Histoire de la conquête de l'Angleterre*, 4 vol........... 8 fr.

  * *Lettres sur l'Histoire de France.* 1 vol.................. 2 fr

  * *Dix ans d'Etudes historiques.* 1 vol..................... 2 »

  * *Récits des temps mérovingiens*, 2 vol................... 4 »

  * *Essai sur l'histoire du tiers-état*, 2 vol.................. 4 »

**Histoire de la conquête de l'Angleterre par les Normands.** Un beau vol. grand in-8 jésus, illustré de 35 grav. hors texte........ 10 fr.

**Albums de l'histoire de France**, contenant chacun VINGT-CINQ dessins par H. VERNET, RAFFET, PHILIPPOTEAUX, DE NEUVILLE, E. BAYARD, H. CLERGET, texte par H. MARTIN, A. THIERS, J. MACÉ, A. DE LA FORGE, E. BERTHET, E. VAUCHEZ. Reliés en toile rouge, titre or, tranches dorées, biseaux :

| | | | |
|---|---|---|---|
| Sièges et batailles............ | 2 fr. | Hommes de guerre........ | 1 fr. 75 |
| Monuments................ | 2 fr. | Écrivains célèbres ........ | 1 fr. 75 |
| Scènes et faits historiques...... | 2 fr. | Personnages illustres ...... | 1 fr. 75 |

**L'empereur Alexandre II**, VINGT-SIX ANS DE RÈGNE (1855-1881), par C. DE CARDONNE. Un superbe vol. grand in-8 jésus......... 20 fr.

**Histoire de Paris et de ses monuments**, par DULAURE, édition refondue et complétée par L. BATISSIER. Un vol. in-8 jésus, orné de 51 vues sur acier, des armoiries et d'un plan de la ville de Paris.... 20 fr.

**Histoire de l'Algérie ancienne et moderne**, par Léon GALIBERT, ornée de 23 vign. sur acier, d'un grand nombre de bois dessinés par RAFFET et d'une carte de l'Algérie. 1 beau vol. grand in-8 jésus... 18 fr.

**La Russie ancienne et moderne**, par Charles ROMEY et Alfred JACOBS. 1 beau vol. in-8 jésus, illustré de 18 grav. sur acier...... 18 fr.

**Histoire d'Espagne**, par MARY LAFON. 2 vol. in-8 cav. 16 grav. sur acier ............................................... 12 fr.

\*  **Histoire des ducs de Normandie**, par A. LABUTTE ; préface par HENRI MARTIN. 2e édit., 12 grav. 1 beau vol. in-8 cav......... ... 6 fr.

\* **Les Marins**, par MM. E. GOEPP et MANNOURY D'ECTOT. 2 vol. in-8 carré, ornés de 47 portraits et de 9 dessins de navires............ 8 fr.

LE MÊME OUVRAGE. 2 vol. in-8 raisin, augmentés de 24 grav. 14 fr.

**Campagne de 1870**, armée du Rhin, par le Dr QUESNOY. 1 beau vol. in-8 avec *carte en 5 couleurs*. 2e édit.; suivie des Ambulances. 6 fr.

\* **Analyse des principales campagnes**, CONDUITES EN EUROPE DEPUIS LOUIS XIV JUSQU'A NOS JOURS, par Gustave HUE, professeur de géographie à l'école militaire de Saint-Cyr. Un fort vol. in-16. 3 fr. 50

**L'Europe sous les armes**, par le Lieutenant-colonel HENNEBERT. 65 cartes et plans. 1 volume in-16.................... 3 fr. 50

# GÉOGRAPHIE

Introduction à l'étude de la géographie, ou Notions de géographie mathématique et de géographie physique, par un MARIN. Un beau vol. in-16, ill. de 40 grav. et de 4 cartes....................... 3 fr.

Géographie universelle de Malte-Brun, édition entièrement refondue et mise au courant de la science par Th. LAVALLÉE, ancien professeur de l'École militaire de Saint-Cyr. 6 forts volumes in-8 jésus, illustrés de 64 gravures sur acier........................... 72 fr.

Atlas universel de géographie Ancienne et Moderne, pour servir à l'intelligence de la *Géographie universelle de Malte-Brun* et *Th. Lavallée*. 31 cartes in-folio, coloriées, dressées par A. TARDIEU, revues et corrigées par A. VUILLEMIN. L'atlas cartonné............ 16 fr.

Atlas universel de géographie moderne, physique, politique, historique, industriel, commercial et militaire, dressé par MM. BUREAU, HUE et GŒDORP, professeurs de géographie à l'École militaire de Saint-Cyr, revu, pour toutes les cartes générales, par M. MASPÉRO, professeur au Collège de France, et composé de 42 magnifiques cartes imprimées en plusieurs couleurs. Cartonné ... 12 fr.

1. Planisphère.
2. Europe physique.
3. Europe politique.
4. Carte politique de l'Europe centrale.
5. Europe centrale (partie occidentale).
6. — (partie centrale).
7. — (partie orientale).
8. Carte géologique de la région française.
9. Carte physique de la région française.
10. France forestière.
11. France agricole.
12. France météorologique.
13. Formation du territoire français.
14. Carte historique de la région française.
15. France administrative.
16. France militaire.
17. France industrielle et commerciale.
18. Communications rapides du territoire français.
19. Camp retranché de Paris.
20. Frontière du Nord-Est de la France.
21. Carte des places fortes du Nord et de l'Est de la France.
22. Frontière du Sud-Est de la France.
23. Carte des Pyrénées.
24. France (région du Nord Ouest).
25. Algérie et Tunisie.
26. Colonies françaises.
27. Iles Britanniques.
28. Carte de la Suisse.
29. Italie.
30. Carte physique et militaire des Alpes et du Pô.
31. Carte de la péninsule ibérique.
32. Russie et pays scandinaves.
33. Hongrie et Turquie.
34. Grèce.
35. Caucase et Crimée.
36. Asie.
37. Afrique.
38. Amérique septentrionale.
39. Carte militaire des États-Unis (partie orientale).
40. Carte militaire des États-Unis (partie occidentale).
41. Amérique méridionale.
42. Océanie.

## NOS FRONTIÈRES

Par le colonel E. BUREAU, ancien professeur de géographie à l'École de Saint-Cyr. 1 vol. in-16, orné de 12 cartes. Broché... 2 fr. »
Cartonné .................................................. 2 fr. 25

## GÉOGRAPHIE PHYSIQUE

Historique et militaire de la région française (France, Hollande, Belgique, Suisse, frontière occidentale de l'Allemagne), par E. BUREAU, colonel d'infanterie, ancien répétiteur d'histoire, ancien professeur de géographie militaire à l'École de Saint Cyr. 1 fort volume in-16 de 1,000 pages, cartonné à l'anglaise...... 7 fr. 50

## APERÇU DE GÉOGRAPHIE MILITAIRE

de l'Europe (moins la France), par Gustave HUE, professeur de géographie à l'École de Saint-Cyr, Un vol. in-16, avec 41 cartes ou plans.................................................. 4 fr.

## VOYAGE AUTOUR DU MONDE

Nouvelle édition, résumé général des Voyages de découvertes de Magellan, Bougainville, Cook, Lapérouse, Basil-Hall, Duperrey, Dumont d'Urville, Laplace, Baudin, etc., publié sous la direction de M. DUMONT D'URVILLE, accompagné de 45 grav. sur acier dessinées par ROUARGUE, et de deux cartes pour l'intelligence du voyage. 2 vol. grand in-8.................................................. 30 fr.

## VOYAGE DANS LES DEUX AMÉRIQUES

Publié sous la direction de M. Alcide D'ORBIGNY. Nouvelle édition, revue et augmentée de renseignements sur les états du nouveau monde, et principalement sur la Californie, le Mexique, Cayenne, Haïti, etc. 1 vol. in-8 jésus, illustré de 28 grav. et deux cartes sur acier.................................................. 15 fr.

## VOYAGE EN ASIE ET EN AFRIQUE

Par EYRIÈS. Édition corrigée et augmentée des récits des plus récents voyages dans l'intérieur des terres, par M. Alfred JACOBS. 1 vol. in-8 jésus, illustré de 25 vignettes sur acier et de deux cartes.... 15 fr.

## L'ITALIE D'APRÈS NATURE

(*Italie Méridionale*), par M^me Louis FIGUIER. 1 volume in-8, Broché.................................................. 3 fr.

# SCIENCE — INDUSTRIE
# HISTOIRE NATURELLE — BEAUX-ARTS

* **Les merveilles de la science**, ou description populaire des inventions modernes, par Louis Figuier, 4 forts vol. grand in-8 jésus, illustrés de 1817 grav. ; broché.................................. 40 fr.
  Chaque volume se vend séparément, broché............ 10 fr.
* **Les merveilles de l'industrie** ou description populaire des procédés industriels depuis les temps les plus reculés jusqu'à nos jours, par Louis Figuier, 4 vol. gr. in-8 jésus, illustrés de 1380 grav.. 40 fr.
  Chaque volume se vend séparément, broché............ 10 fr.
* **Métaux, mines, mineurs et industries métallurgiques**, par Émile With. 1 vol. gr. in-8, illustré de 192 grav.......... 10 fr.
* **Traité élémentaire d'astronomie**, par A. Boillot. 2ᵉ *édition*. Un beau vol. in-18, orné de 108 grav. sur cuivre............. 4 fr.

## ŒUVRES COMPLÈTES DE BUFFON

Nouvelle édition, avec la classification de Cuvier et des extraits de Daubenton, ornée de 128 planches gravées sur acier, contenant 300 sujets coloriés d'après les dessins de M. Édouard Traviès. 6 vol. grand in-8 jésus..................................... 90 fr.

## ŒUVRES DE LACÉPÈDE

Cétacés, Quadrupèdes ovipares, serpents et poissons. Nouvelle édition, précédée de l'éloge de Lacépède par Cuvier, avec notes, et la nouvelle classification de Desmarest. 2 vol. grand in-8 jésus, ornés de 36 planches gravées sur acier d'après les dessins de M. Édouard Traviès, représentant 72 sujets coloriés.... 30 fr.

**Nids, tanières et terriers.** (*Les Architectes de la nature.*) Deuxième édition. D'après J.-G. Wood, par Hippolyte Lucas. Magnifique publication illustrée de 200 vignettes placées dans le texte, et de 20 gravures tirées à part. 1 beau vol. grand in-8 jésus...... 10 fr.

**Les principaux types des êtres vivants des cinq parties du monde** ; atlas in-4, contenant 582 gravures, à l'usage des Lycées, Collèges, Écoles primaires et de tous les établissements d'instruction, accompagné d'un texte explicatif, formant un volume in-16, par M. Edmond Perrier, professeur au Muséum d'histoire naturelle. Prix de l'atlas et du volume cartonné.............................. 6 fr.

**Les Phases de la Vie** (du berceau à la tombe), par le D$^r$ F. Quesnoy, médecin inspecteur en retraite du service de santé des armées. 1 vol. in-16........................................ 3 fr.

## ENCYCLOPÉDIE DES BEAUX-ARTS PLASTIQUES

**Historique, archéologique, biographique, chronologique et monogrammatique**, par Auguste Demmin. *Épigraphie*, *Paléographie*, *Architectures* civile, religieuse et militaire ; *Céramique* ancienne et moderne ; *Sculpture* et *Peinture* de toutes les écoles ; *Gravure* sur métaux ou sur bois, etc. Cette publication illustrée de 6,000 grav., complétée par une table alphabétique de 20,000 mots, forme 3 vol. grand in-8 cartonnés en toile........................................ 80 fr.

**Dessin indutriel.** — *Cours élémentaire et pratique*, par L. Guiguet, officier de l'Instruction publique, professeur à l'Association polytechnique. 1 vol. grand in-8 jésus, avec un album de 46 planches in-folio. Prix du volume broché et de l'album cartonné..... 22 fr

Toutes les planches de l'album se vendent séparément 50 cent.

# LITTÉRATURE

Œuvres complètes de Chateaubriand, nouvelle édition, ornée de 31 magnifiques gravures sur acier. 12 forts vol. in-8 cavalier.. 72 fr.
Chaque volume se vend séparément.  6 fr.

Tomes
1. Essais historiques sur les Révolutions.
*2. Le Génie du christianisme.
*3. Les Martyrs.
*4. Itinéraire de Paris à Jérusalem.
5. Romans et poésies diverses.
6. Essai sur la littérature anglaise, le *Paradis perdu*, et Poèmes.

Tomes
7. Études historiques.
8. Analyse raisonnée de l'histoire de France et Mélanges politiques.
9. Voyages et mélanges littéraires
10. Congrès de Vérone.
11. Polémique et Mélanges politiques.
12. Opinions et Discours, et Vie de Rancé.

## ŒUVRES DE LAMARTINE
(Chaque ouvrage se vend séparément)

### IN-8 CAVALIER

| | | | |
|---|---|---|---|
| Premières et Nouvelles Méditations. 1 vol., 4 gravures...... | 7 50 | Voyage en Orient. 2 vol. 12 grav. | 15 » |
| Harmonies poétiques, Recueillements. 1 vol., 3 gravures..... | 7 50 | Confidences et Nouvelles Confidences. 1 vol. 8 gravures..... | 7 50 |
| Jocelyn. 1 vol. 3 gravures..... | 7 50 | *Le Manuscrit de ma mère. 1 vol. | 7 50 |
| Chute d'un Ange, 1 vol., 1 grav. | 7 50 | Histoire des Girondins. 4 vol., 40 gravures................ | 30 » |

### IN-18 JÉSUS

| | | | |
|---|---|---|---|
| *Premières Méditations 1 vol... | 3 50 | Nouvelles Confidences. 1 vol.... | 3 50 |
| *Nouvelles Méditations. 1 vol... | 3 50 | *Manuscrit de ma mère. 1 vol.. | 3 50 |
| *Harmonies poétiques. 1 vol... | 3 50 | Histoire des Girondins. 6 vol... | 21 » |
| Recueillements poétiques. 1 vol. | 3 50 | Lectures pour tous. 1 fort vol... | 3 50 |
| Jocelyn. 1 vol. | 3 50 | Raphaël. 1 vol.................. | 1 25 |
| Chute d'un Ange. 1 vol........ | 3 50 | Graziella. 1 vol................. | 1 25 |
| Voyage en Orient. 2 vol....... | 7 » | *Le Tailleur de pierres de Saint-Point. 1 vol................. | 1 25 |
| Confidences. 1 vol............. | 3 50 | | |

L'Œuvre de Lamartine, Extraits, par G. ROBERTET, ancien professeur de l'Université, chef de bureau au Ministère de l'Instruction publique. 1 vol. in-16, accompagné d'un portrait de Lamartine....... 3 fr.

## ŒUVRES DE JEAN REYNAUD

| | | | |
|---|---|---|---|
| Terre et Ciel. Philosophie religieuse 5e éd. 1 fort vol. in-8 cav........ | 7 | L'esprit de la Gaule. 1 beau vol.... | 6 |
| Merlin de Thionville, avec portrait et fac-simile. 1 fort vol. in-8 cav. | 7 | *Lectures variées. 1 vol. in-8...... | 6 |
| | | Études encyclopédiques. 3 vol..... | 18 |

## ŒUVRES DE WALTER SCOTT

Traduction de M. DEFAUCONPRET; édition illustrée de 59 vignettes et portraits sur acier d'après RAFFET. 30 vol. in-8 cav........ 150 fr.

Chaque volume se vend séparément................... 5 fr.

1. *Waverley.
2. *Guy Mannering.
3. L'Antiquaire.
4. Rob-Roy.
5. { Le Nain noir. / Les Puritains d'Écosse.
6. La Prison d'Édimbourg.
7. *{ La Fiancée de Lammermoor. / L'Officier de fortune.
8. *Ivanhoé.
9. Le Monastère.
10. L'Abbé.
11. Kenilworth.
12. Le Pirate.
13. Les Aventures de Nigel.
14. Peveril du Pic.
15. *Quentin Durward.
16. Eaux de Saint-Ronan.
17. Redgauntlet.
18. Connétable de Chester.
19. *Richard en Palestine.
20. Woodstock.
21. Chroniques de la Canongate.
22. La Jolie Fille de Perth.
23. *Charles le Téméraire.
24. Robert de Paris.
25. { Le Château périlleux. / La Démonologie.
26.
27. } Histoire d'Écosse.
28.
29.
30. } Romans poétiques.

LE MÊME OUVRAGE, *nouvelle édition*, publiée en 30 volumes in-8 carré, avec gravures sur acier. Chaque volume........... 3 fr. 50

## ŒUVRES DE J. FENIMORE COOPER

Traduction de DEFAUCONPRET ornée de 60 jolies vignettes d'après les dessins de MM. Alfred et Tony JOHANNOT. 30 volumes in-8 cavalier................................................. 150 fr.

Chaque volume se vend séparément................... 5 fr.

1. Précaution.
2. *L'Espion.
3. *Le Pilote.
4. Lionnel Lincoln.
5. *Les Mohicans.
6. *Les Pionniers.
7. *La Prairie.
8. *Le Corsaire rouge.
9. Les Puritains.
10. L'Écumeur de mer.
11. Le Bravo.
12. L'Heidenmauer.
13. Le Bourreau de Berne.
14. Les Monikins.
15. Le Paquebot.
16. Ève Effingham.
17. *Le Lac Ontario.
18. Mercédès de Castille.
19. *Le Tueur de daims.
20. Les deux Amiraux.
21. Le Feu-Follet.
22. A Bord et à Terre.
23. Lucie Hardinge.
24. Wyandotté.
25. Satanstoë.
26. Le Porte-Chaîne.
27. Ravensnest.
28. Les Lions de mer.
29. Le Cratère.
30. Les Mœurs du jour.

LE MÊME OUVRAGE, *nouvelle édition*, publiée en 30 volumes in-8 carré, avec gravures sur acier. Chaque volume........... 3 fr. 50

# OUVRAGES DIVERS

La Chien, *son histoire, ses exploits, ses aventures*, par Alfred BARBOU, bibliothécaire à la bibliothèque Sainte-Geneviève. Un vol. grand in-8 raisin, illustré de 87 compositions.................... 10 fr.

Musée historique de Versailles, contenant tous les tableaux remarquables des galeries de Versailles, 56 planches gravées sur acier, avec un texte explicatif, par M. Henri MARTIN, 1 splendide volume in-4, relié................................................ 30 fr.

Physiologie du goût, par BRILLAT SAVARIN. Nouvelle édition précédée d'une Introduction par ALPHONSE KARR, illustrée par BERTALL de 200 gravures sur bois placées dans le texte et de 7 grav. sur acier tirées sur papier de Chine. 1 magnifique vol. gr. in-8 jésus. 15 fr.

Histoire de la Magie et de la Fatalité à travers les temps et les peuples, par P. CHRISTIAN. 1 beau volume grand in-8, illustré par Emile BAYARD............................................. 10 fr.

Don Quichotte de la Manche, par Michel CERVANTÈS, traduction de M. Ch. FURNE. 1 beau vol. grand in-8 jésus illustré de 160 dessins par M. Gustave ROUX, broché...................... 8 fr.

Les aventures du Baron de Munchhausen, édition nouvelle, traduite par Th. GAUTIER fils, et illustrée par Gustave DORÉ. 1 volume in-8. Br. 4 fr., relié avec plaques or, tranches dorées...... 7 fr.

Album-Vocabulaire du premier âge, en français, anglais, allemand, italien et espagnol, par MM. A. LE BRUN, H. HAMILTON et G. HEUMANN. 1 vol. grand in-8 raisin, illustré de 800 gravures, avec plaques et biseaux.......................................... 6 fr.

Chefs-d'œuvre épiques de tous les peuples, par A. CHASSANG, inspecteur général de l'instruction publique, et L. MARCOU, maître de conférences à la Faculté des lettres de Paris. 1 vol. in-16. 3 fr. 50

— 14 —

**A cheval! En chasse!** par Robert DE FAUCONNET, charmant volume in-8 écu, illustré de 70 gravures, tiré sur papier vélin teinté (Édition d'amateur).......... ...................... 5 fr.

**La vie à la campagne, Chasse, pêche, courses, haras, beaux-arts, agriculture, acclimatation des races, pisciculture, régates, voyages, bains de mer, eaux thermales,** etc. 6 beaux vol. grand in-8 jésus, ornés de nombreuses gravures sur acier et de plus de 2,000 gravures sur bois intercalées dans le texte....... ............................... 60 fr.

**La Chasse et la Table**, par CHARLES JOBEY. — Nouveau traité en vers et en prose donnant la manière de chasser, de tuer et d'apprêter le gibier. Joli vol. in-18, pap. vélin glacé, avec grav. sur acier. 3 fr. 50

**Le Divorce et la séparation de corps**, *à l'usage des gens du monde et la manière de s'en servir. (Deuxième édition)*, par G. de CAVILLY. 1 beau volume in-16.................... 3 fr. 50

**L'Éloquence sous les Césars**, par AMIEL, agrégé de l'Université. 1 vol. in-8.... ........................ .......... ......., 5 fr

**Histoire des villes de France**, avec une Introduction et un Résumé général pour chaque province, par ARISTIDE GUILBERT, et une société de membres de l'Institut, de Savants, de Magistrats, d'Administrateurs, etc., ornée de 90 magnifiques gravures sur acier par ROUARGUE FRÈRES, de 113 armoiries coloriées des villes, et d'une carte de France par province. 6 vol. grand in-8 jésus..... 92 fr

**Histoire d'Espagne**, depuis les premiers temps historiques jusqu'à la mort de Ferdinand VII, par **Rosseeuw Saint-Hilaire**, professeur agrégé d'histoire à la Faculté des lettres de Paris. 14 volumes in-8 carré............................ .......... 70 fr.

# LITTÉRATURE CLASSIQUE

**MOLIÈRE.** — Œuvres complètes, précédées de la Vie de Molière par Voltaire. 2 volumes in-8 cavalier ornés de 16 vignettes d'après MM. Horace Vernet, Desenne et Johannot, gravées par Nargeot.................................................. 14 fr.

**P. CORNEILLE.** — Œuvres dramatiques, précédées de la vie de P. Corneille par Fontenelle. Nouvelle édition, ornée de 11 gravures sur acier d'après Bayalos, et d'un magnifique portrait de P. Corneille. 1 fort volume in-8, papier cavalier ................ 7 fr.

**JEAN RACINE.** — Œuvres, précédées d'un essai sur sa vie et ses ouvrages par L.-S. Auger, de l'Académie française, et ornées de 13 vignettes d'après Gérard, Girodet, Desenne. 1 beau volume in-8 cavalier..................................................... 7 fr.

**BOILEAU.** — Œuvres, avec un choix de notes, et les imitations des auteurs anciens. Nouvelle édition précédée d'une notice sur Boileau par Sainte-Beuve, de l'Académie française. 1 volume in-8 cavalier, 6 vignettes et 1 portrait sur acier................... 5 fr.

Le même ouvrage, édition de luxe, tirée à 110 exempl., sur grand papier vergé, numérotés à la presse. 1 vol. orné de grav. sur acier, imprimées sur papier de Chine ......................... 25 fr.

**LA BRUYÈRE.** — Les Caractères et les *Maximes de La Rochefoucauld*, précédés d'une notice par M. Suard. Nouvelle édition. 1 beau volume in-8 cavalier, orné d'un portrait de J. de La Bruyère.. 5 fr.

**LA FONTAINE.** — Fables, illustrées par Tony Johannot de 13 gravures sur acier. Nouvelle édition, augmentée d'un choix de notes. et précédée d'une Notice sur La Fontaine par Sainte-Beuve, de l'Académie française. 1 vol. in-8 cav........................ 5 fr.

**VAUVENARGUES**, édition nouvelle, précédée de l'*Éloge de Vauvenargues* couronné par l'Académie française, et accompagnée de notes et commentaires par M. D.-L. Gilbert. 1 volume in-8 cavalier avec portrait sur acier.

— *Œuvres posthumes* et *œuvres inédites*, avec notes et commentaires par M. D.-L. Gilbert. 1 volume in-8 cavalier. — Prix des deux volumes .................................................. 12 fr.

**FÉNELON.** — Les aventures de Télémaque. 1 beau vol. in-8° cavalier, orné de 12 grav et d'un portrait gravé sur acier ........ 6 fr.

**BOSSUET.** — Discours sur l'Histoire universelle et Oraisons funèbres. 1 volume in-8° cavalier............................ 5 fr.

**M^me DE SÉVIGNÉ.** — Lettres, précédées d'une notice historique et littéraire. 1 beau volume in-8 cavalier, orné d'un portrait..... 6 fr.

**VOLTAIRE.** — Siècle de Louis XIV. 1 beau volume in-8 cavalier, orné d'un portrait de Louis XIV........................ 6 fr.

**VOLTAIRE.** — Théâtre, précédé d'une notice sur sa vie et ses ouvrages. 1 beau volume in-8 cavalier, orné d'un portrait..... 6 fr.

**BEAUMARCHAIS.** — Théâtre, précédé d'une notice par Saint-Marc Girardin. 1 vol. in-8 cav., illustré de 5 vignettes sur acier, d'après Tony Johannot ............................................ 6 fr.

**DEMOUSTIER.** — Lettres à Émilie sur la Mythologie. 1 vol. in-8 cav., orné de 12 grav. sur acier, imprimées sur Chine....... 7 fr.

Le même ouvrage, édition de luxe, 1 fort volume tiré à 110 exemplaires sur grand papier vergé, numérotés à la presse, orné d'une collection de 13 magnifiques gravures sur acier, tirées sur Chine..... 25 fr.

**LE SAGE.** — Gil Blas de Santillane. Nouvelle édition, 1 volume in-8 cavalier, orné de 8 gravures sur acier et d'un portrait de l'auteur ........................................................ 7 fr.

**A. HAMILTON.** — Mémoires de Grammont et contes. 1 volume in-8 cavalier orné de 6 gravures sur acier, d'après les dessins de Moreau........................................................ 6 fr.

**MICHEL CERVANTÈS.** — Don Quichotte de la Manche. Traduction nouvelle par Ch. Furne, 2 volumes in-8 cavalier ornés de gravures sur acier.................................................. 8 fr.

www.ingramcontent.com/pod-product-compliance
Lightning Source LLC
Chambersburg PA
CBHW050346170426
43200CB00009BA/1746